ちくま文庫

かかわり方のまなび方

ワークショップとファシリテーションの現場から

西村佳哲

筑摩書房

目次

まえがきの前に 011

西原由記子さんに自殺防止活動の話をきく 012
人は応答する存在として生きている

まえがき 030

1 ファシリテーターは何をしているのか？

難波克己さんにアドベンチャー教育の話をきく 046
お互いの価値観や存在を、最大限に尊重する

青木将幸さんに良い会議の話をきく 055
その場に集まった人たち次第で決まる

なぜ人にかかわるのか 066

伊勢達郎さんに〝あり方〟の話をきく 069
ファシリテーターの存在が場に影響を与えている
〝あり方〟のまなび方は? 076
菅靖彦さんに「師」について話をきく 083
自分を揺らし、拓いてくれるもの
岸英光さんにコーチングの話をきく 088
コンテンツよりコンテクスト
川嶋直さんに環境教育の話をきく 094
〝depends on〟要するに「今・ここ」の話
コミュニケーションがとれる、とは? 104
関口怜子さんに子どもと過ごすことについてきく 109
私は私で自分の世界を広げているのが大事

野村誠さんに一緒に遊び・つくることについてきく 117
出発点からは見えないところへ
ワークショップの主役は？ 132
益田文和さんにデザインワークショップの話をきく 135
計画段階で一人1万円ずつ集めて始めました
苅宿俊文さんに学校教育の話をきく 142
学ぶ「意味」をあつかう
桜井高志さんに地球市民教育の話をきく 151
可能性をつぶさないこと
橋本久仁彦さんにプレイバックシアターの話をきく 159
人がその尊厳を回復するには
中野民夫さんはそこで何をしているのか？ 175
場をホールドする責任はあると思います

いのちに敏感な人たち 198

2 ワークショップとは何か？

「ファクトリーではない」ということ 205
創造的である・生産的である 211
ワークショップの歴史と潮流 221
待つ・待たない 235
西田真哉さんにとってワークショップとは何か？——自分に素直に動ける人が、少しでも増える手助けをしたい 246

3 人の見え方

「i」メッセージ 270

わたしはあなたではない 273
スパゲッティで構造体をつくると 277
気づきは誰のもの？ 281
知るとはどういうことだろう？ 286
時間虫めがね 293
必然性に欠ける体験 301
パーソン・センタード・アプローチ 308
人の見え方 323
あとがき 333／謝辞 342
文庫版あとがき 347

補稿　西原由記子さんの言葉
いま本当に感じていることを　354

解説　絶好の「かかわり方」の探険報告書！　向谷地生良　367

かかわり方のまなび方

ワークショップとファシリテーションの現場から

西村佳哲（働き方研究家）

本文デザイン　ＡＳＹＬ

まえがきの前に

人が人にかかわる、ということ。

他の人がかかわることで、本人だけでは果たせないことが可能になったり、先に進めたり。あの人といると伸びるとか、人の力を引き出すのが上手いと言われる人たちがいるけど、彼らはいったい何をしているんだろう？

対人関与の技術やそのあり方を、ワークショップやファシリテーションと呼ばれる領域へ探しに出かけた10年間少々の探検報告を、こんなところから始めてみたい。

自殺防止センターを創設し、80歳をすぎてもスタッフと深夜の電話を取りつづけてきた西原由記子さん。彼女と交わしたインタビューから。

西原由記子さんに自殺防止活動の話をきく
【2008年夏・東京】
人は応答する存在として生きている

西原　夫が牧師をしていた教会に一人の男の子が来ていました。ある時その彼から電話がかかってきたんです。夜眠れない、身体がだるくて仕事ができない、とても辛いといったことを彼は話して。「みなさんによろしく」と電話を切った。その日、彼のお母さんが、自宅の納屋で遺体を発見なさったんです。

　自殺の知らせを聞いてショックを受けた私を、みんなが慰めてくれました。

「『よろしく』が『さようなら』だなんて、誰が気づく？」と。

　でもあのとき電話口で自分は、本当に薄っぺらな言葉しか捉えていなかった。彼が躁鬱で入退院をくり返していたことも後から知りました。彼のことをまったく表面的にしか知らなかった。それは事実なんです。人に対する関心のなさを、自分は許

西原由記子
1933～2014年。兵庫県尼崎市生まれ。関西いのちの電話でスタッフ研修を担った後、自殺予防に絞った受け皿の必要性を感じ、みずから大阪自殺防止センターを設立（1978年）。ボランティアと交代で24時間、相談者の話に耳を傾ける活動を始める。1998年に東京自殺防止センターを設立し所長になる。著書に『自殺する私をどうか止めて』（角川書店）、共著に『自殺——死に追いこまれる心』（法政出版）。

せなかった。関心がないというのは愛がないのと同じことです。私はクリスチャンの家に生まれて、教会の活動を一所懸命やってきた。七人兄弟の長女で人の面倒見もいい。自分は人に関心があると自惚れていたところがあったけど、それが足元から崩れてしまった。その想いから、こういう仕事をするようになりました。

——かかってくる電話には、一人で応じるんですか？

西原　いいえ。存在を一人で丸抱えするなんて出来ません。一〜二名が後ろで一緒に聴くんです。一人だとのめり込まざるを得なくて、共倒れしやすい。

——「その人から逃げ出さないことが大事だ」と本に書かれてますね。

西原　ええ。やっぱり誰かが傍らに居つづけることが大切だと、私は思います。毎年全国で約三万人の人が自殺してゆく。そのほとんどが自分の悩みや苦しさを誰にも言わず、自分だけで処理して逝ってしまう。
でも、誰かに聴いてもらえる関係が、精神的なつながりが少しでもあったら死なないと思うんです。

――なぜそう言い切れるんでしょう？

西原　どこに死にたい人がいますか。死にたくて死ぬ人はいません。追い詰められて、もうそれしか選べないと思って、えいっ！と死ぬことを選んでしまうんです。
もう死ぬしかない。けど死ねない。だから電話をかけてくるんです。生きる可能性が何かないか、どこかに手がかりがないか、本能的に探しているんだと思う。もしそれが見つかれば人は死なずにすむ。

――「手がかり」とは？

警察庁の統計では男性が七割。あきらかなものに限られるが、原因や動機は毎年「健康問題」「経済・生活問題」「家庭問題」「勤務問題」の順番だそう。

西原　人間的なつながりだと思います。死ぬことを選ぶ人たちは、もう誰も信じられないとか、助けを求めるなんて出来ないとか、本当にポッーンとした状態だと思う。完結しかけている。私自身は〝生きる意味〟を考えたことはありません。けど、かかってくる電話で「もう生きてゆく意味がない」という言葉に時々出会います。そう考えざるを得ないくらい、いろいろな関係が絶たれてポッンと孤立してしまっているのだと思う。人間は他の動物と比べて、きわめて未熟な状態で生まれてきます。親をはじめ、他の人々との出会いや、かかわり合いがなかったら生きてゆけない。関係性を探し求めることを人はつづけているのだと思うけど、死を選ぼうとしている人たちはその輪が閉じかけている。

ただ、本人は意識的でなくても、そういう時は何かを周りに発信しているはずなんです。それが誰にもキャッチされないと、やっぱり駄目か、という感じでいのちを絶ってしまう。そのサインに気づけないというのは悔しいというか、なんというかね。

「生きたい」という願いが電話をかけさせるのだと私は思います。電話をしてる間にエネルギーを増やそうとしてる。それをもうぎりぎりのところから、1%でも5%ぐらいにでもできたら、ということをやっています。

本当に聴くということ

――それを電話でどのようにするんでしょう。「聴く」ことですか。

西原　そうです。言葉にならないこともありますが、向こうが切らない限り、電話を通じてそばにいるだけで十分なんです。

ある日とても沈黙の長い電話がありました。「覚悟を決めたので、最後にどなたかとお話をして…」という言葉から始まった。真夜中ですよ。私は座りなおして、「ああそうですか」と。「もう死ぬことを覚悟して、最後にお電話をくださったんですね」と言ったんです。

歳は幾つぐらいだろう、結婚しているんだろうか、子どもはいるんだろうか、仕事をしてるんだろうかとかいろいろ質問したくなる。でも質問したいのはいったい何かというと、知って自分が落ちつきたいだけ。そんなこと、この人には関係ない。

電話の向こうの彼女は、しばらくして、「……はい」とおっしゃいました。こちらはすごく葛藤が大きかったけれど、質問はせずに「本当に、もう、覚悟をお決めになったんですね」と言ったら、しばらくしてまた、「……はい」とおっしゃる。とても重たかった。
「ああ、そうですか。本当に本当に、決心してお電話くださったんですね」と、少しずつ、言い方を変えながら応えていきます。するとまたしばらくして、「……はい」とおっしゃる。私は「そうですか、なるほど…」と。

そんなふうに決心してらっしゃる人を、変えるわけにいかないですよ。受け容れざるを得ない。場合によっては、自殺の方法を訊いてみることもあるんですが、この電話では私はしませんでした。

そうしているうちに「もう決心は固いんですねえ」と言ったら、「ええ……」と小さな声でおっしゃって。「……でもね」という言葉がつづいたんです。

しばらく間をおいてから、「先ほど『でもね』とおっしゃいませんでしたか?」と申し上げた。そうしたらまた黙って。「……ええ、言いました」と。「…なにか引っ掛かってらっしゃるんでしょうか」と申し上げたんです。そしたら、再び黙って。

ここの沈黙は本当に長かった。心の中を精密にスキャニングなさっていたんじゃないか。そんな沈黙だったと思います。そして小さな声で。大切なことは小さな声でおっしゃるんですよ。「…裏切りでしょうかね」とおっしゃったの。

「あなたが自殺をなさることが、裏切りかもしれないということが、引っ掛かってらっしゃるんですか？」と尋ねたら、また長いこと黙られて。その後で「……はい」とおっしゃるのね。こっちもまた黙って、その「……はい」を嚙みしめて。

しばらくして、「どなたに対してですか？」と尋ねてみたんです。そしたらまたお黙りになって。長い沈黙があってから、「…子どもにね」とおっしゃった。そこで初めて子どもがいるんだ、とわかった。「ああ、お子さんにですか…」と申し上げました。彼女の中で、子どもに対する何かが浮き上がってきたんでしょうね。そしてまた二人とも何も話さない沈黙の時間が過ぎて。彼女が「……ありがとうございました」って。「ご安心ください。今日は自殺いたしませんから」とおっしゃった。全部で50分ほどの電話でした。

――西原さんやスタッフのほうから、能動的に動くことはないのですか？

西原　自分を安心させるための質問はしません。たとえば今の話でも子どもがいると知って、「お幾つですか?」なんて訊きません。

言葉は生きていて、それを投げかけられると聴いている私の内面にもいろいろな感じが生まれる。生まれたその「感じ」を一度受け容れて、消化して、言語化する作業を、できるだけ丁寧にしているんです。

でも、どうしてもなにか引っ掛かってしまう時には、おずおずと訊くことがあります。思わず怒りがこみ上げて、「なんでそんな生活してるのよ!」と言いたくなることもある。抑えたままだと半聴きになってしまうんです。自分を抑えるのにエネルギーの多くを使ってしまうので、全身全力で聴けなくなる。自分を追い詰めている人の話を聴いて、「私はそういう生き方はとても悲しい」とお伝えしたこともあります。

正直じゃないと、本当の会話は出来ない。構えがあったら出来ません。いつも気持ちに正直で、自分の心がどうなっている

Photo: Masayuki Aoki

かわかってることが大切なのね。だから、自分に対する感性は磨いていなければならないと思っています。

――会ったこともない赤の他人が口先ばかり、と言われませんか?

西原　言われますよ。でも顔は見えていなくても、その時に声を聴いて話を交わしている事実は確かなものじゃないですか。その相手がいのちを絶って、次の瞬間からものを言わなくなってしまったら私はとても悲しい。これは本当のことですよ。

――聴く。正直に伝える。その他にどんなかかわりをなさるんでしょう。

西原　待つことですね。話をしていて、相手がフッと黙ることがありますが、本当に言いたくなった時、ご本人からお話しになる時まで待ちますね。やっぱり、時があると思います。

もし本人の話を整理したり分析するのがカウンセリングなら、私たちがしているのはそれではありません。私たちがしているのは、ビフレンディング（befriending）です。相手との距離をとらずに「どうしたの？」と一歩前に出る。横並びなんですよ。近づいて一緒にいる。そんなかかわり方です。

死ぬという決断を、なぜ尊重するのか？

――お話をうかがっていると、ご著書の『自殺する私をどうか止めて』というタイトルとのずれを感じます。西原さんたちは、自殺に向かう人を「引き止める」ようなかかわり方は、どうやらなさらない。

西原　タイトルは出版社がつけたんです。私が考えていたのは、「ここに生きる」というようなものでした。

――ご本に書かれていた、「死ぬことを決めた本人の意志を尊重する」という考え方についておうかがいしたいです。

『自殺する私をどうか止めて』
（西原由記子著、２００３年、角川書店）
「自殺防止センター」という団体名についても、登記申請後に思い直すところはあったという。

西原　私たちの活動の基盤は、英国で始まったサマリタンズというボランティア組織です。宗教界には自殺は罪であるという考え方があります。とくに英国では、自殺者は正式なお葬式どころか公共の墓地にも葬られない。死んでまで差別を受けるんです。創設者のチャド・バラーは、それはおかしいと言って活動を始めた人です。

サマリタンズには七つの原則があって、活動に参加する際にYES／NO形式の口頭試問をうけます。私たちが加わる時も、英国やヨーロッパから十二人ぐらいが集まって、彼らの前で問いに答えました。

その三番目の項目に、「人には死ぬ権利があることを認める」というのがあった。でも私は、最初はこのことの大切さがわかりませんでした。

――試問ではどう答えたんですか？

サマリタンズ
SAMARITANS
1953年に英国のチャド・バラー（Chad Varah）が始め、イギリス国内をはじめ世界各地に広がった電話相談活動。自殺を選ぼうとする人々の電話を専門家ではないボランティアがとり、精神的なサポートを目的とした話し相手になる。バラー氏は牧師だが特定の宗教との関係はない。1974年に「国際サマリタンズ」設立。1991年「国際ビフレンダーズ（Befrienders International）」に改称。

西原　その時は「死ぬ権利を認める」なんて考えられなくて。だからNOと言いたいんだけど、NOじゃないし、なんだろうと。「YES&NO」と答えたのを憶えています。

チャド・バラーさんはご自宅に3日ほど泊めてくださって、毎晩話を交わしながらその項目の重要性を一所懸命教えてくれました。理屈ではなく実際に起こったことを。でも私は、本当にはわかっていなかったです。

「電話の向こうにいるのはかわいそうな人だ」という見解は、上から見てますよね。でも誰がなりたくて鬱病になりますか。大変な思いをしてなっているんであって。そういう人を見たとき、私はやっぱり尊敬の念というか、畏敬の念を持ってしまう。自分はいい加減だから鬱にまではならないだけで。「誠実にしなければ」と思い、自分を犠牲にしてまでやるような人ほど、追い詰められやすいわけで。

――それほどの内実を抱えて生きている本人の「死ぬ」という

決断を、他人が止めるなんて出来ない、ということですか？

西原　どんなに止めたって死んじゃいますよ。私たちに出来ること、出来ないことをわきまえて活動するのが大切だと思っています。お医者さんなら、何がなんでも生かさなければと言うかもしれないけど。

思い遣りとお節介は、紙一重です。この活動はそもそも一文にもならないボランティア行為ですけど、集団的お節介と言えなくもない。バランス感覚が重要です。

センターの活動を始めて間もない頃、ある小学校の校長室から電話がかかってきました。一人の母親が子どもと一緒に心中しようとしている。その計画がわかって、朝から一所懸命説得しているんだと。もう昼の2時で、先生たちは困り果てていました。お母さんは頑として動かないという。

「その人が死にたいと言ってるのを受け容れてください」と伝えたんです。「いやそんなことできません！」って。そりゃ、学校で死なれたら困りますよね。「じゃあ、ご本人とお話をさせてください」と電話を替わっていただいた。

電話口に出てきた彼女は「あんたどこの誰ですか！」と噛みつくように言われる。「先生があなたや子どもさんのことを心配して、電話をかけてこられたんです」と伝えると、「私が死のうと生きようと、ほっといてください！」と、えらい剣幕で。取り付く島がないというのはああいうことだと思いますけど、そういう状態の中で、結局はやっぱりその人の決意を受けとめるしかない。

いくつかやり取りを交わしてから、私は自分の声が震えていたのを憶えているんですが、「あなたの決心をご尊重申し上げます」とお伝えしたんです。

その途端、今まで噛みつくように話していた人が、「わかってくれはりますか」とおっしゃって、態度がガラッと変わったんですよ。

これは本当に感動というか、こんなに心が変わるものかと。

受け容れるとはこういうことなんだと知った。私は口先だけで「あなたのおっしゃることを受け容れますよ」と言ったわけじゃない。本心からの言葉でしたから。

その人が本当に決断していることを認めるのは、とても大切なことです。私には私の価値観がある、相手には相手の価値観がある。お互いがどれだけ認め合えるかというところからしか、何も始まりません。

――共同作業ですね。

西原　そうなんです。一方的じゃないんですね。

――人間をどんな存在として見ていますか？

西原　応答する関係。人はひとりでポツンといるのではなくて、何かと応答する、そんな存在として生きているのだと思います。

まえがき

美大で学んだ自分が、逆に教える立場に就いたのは偶然の成り行きだった。会社を先に辞めた後輩が多摩美術大学で教えていて、30歳で会社を離れた僕に声をかけてくれた。

話に応じた背景には、大学の非常勤講師という肩書きが欲しかったのと（当時フリーランスとして働き始めて間もなく、簡単に説明できる職業名に憧れていた）、それまでに考えたり試みてきたことを、学生たちに投げかけてみたい気持ちがあったと思う。

しかし、初めての授業を終えた僕は、途方に暮れていた。約1ヶ月半の課題製作と講評会が終わった頃は「もう最低だ！」という気分と、決して悪くない考え方や方法論を伝えることが出来たようなまんざらでもない気分がない交ぜで、ひどく混乱していた。

大学は面白いところで、教師は各領域のプロフェッショナルだが「教える」プロではない。僕もそうで、教職の単位を取ってはいないし、他人に教えた経験もその頃はまだ家庭教師程度。初めての教室で前にした十数名の学生たちに、どうかかわればいいのか、足元はまるでおぼつかなかった。

そう。この時に自分が直面していたのは「どう教えればいいか?」でなく、「どうかかわればいいのか?」というわからなさだったと思う。

たとえば「椅子をつくる」授業があるとする。職業訓練校なら、どんな椅子をつくればいいかという模範例があらかじめ示され、学生は出来るだけそれに近づこうとする。教師はその方法を教える。

ところが美大の場合その模範例は示されない。場合によっては椅子という言葉すら使われなくて、「座るをデザインする」

などといった抽象的な課題が投げかけられる。成果物は椅子でなくてもいい。クッションでも、階段でも、バスタブでも全く構わない。ゴールは明示されず、学生は「座るとはどういうことか？」「その行為にあなたはどんな提案を差し出しますか？」という問いに、自分なりに応えてゆくことになる。

つまり最終的なこたえは、教科書でも教師でもなく、各学生の中にある。

そしてめいめいの〝こたえ〟の実現を助けるのが、どうやら傍らにいる教師の役目である…ということは、ソクラテスの産婆術のように常に問いつづけていればいいのだろうか？

当時はそんな知識もなく、ただ混乱していた。

少なくとも持ち前の〝考え方〟や〝価値観〟は、ストレートには役に立たない。学生は本人のそれで製作に取り組むのだから。何が良いとか、何が面白いとか、何が美しいかといったことはその人自身の問題であって、他人が教えたり与えるたぐいのものではない。ふんどしを貸したところで、板に付いてない

産婆術
古代ギリシアの哲学者ソクラテスが用いた対話や教育の手法。ソクラテス式問答法と呼ばれ、問いに問いで応える。

アウトプットが出てくるのが関の山だ。かといって、価値観の伝達を過度に抑制すると、単なる技術や知識の提供になってしまう。

自分の考え方や価値観が、授業の支えにもなれば障害にもなるという戸惑いが生じていた。

「そんな細かい話で悩んでないで普通にやればいいじゃないか。価値観も考え方も喋っていいし、彼らに必要だと思ったら遠慮無く教えればいい。『先生のようになりたい』と学生が思うのは当たり前のこと。こちらが何を与えようと、選ぶのは本人だし。そもそもその悩み方は学生の力を信じてない。むしろ失礼なんじゃない?」

と思う人もいると思う。僕も自問した。

でも他の人が何気なくスルーできている局面で、どうにも引っ掛かってしまうことがあるなら、そこには自分の課題ないし自分の仕事がある。

教えられること・教えられないこと

「なぜこのポイントで逡巡するんだろう?」と考えていると、教えることについて、あまり自分の中で抵抗感が生じないことと、強い抵抗を感じることの違いが見えてきた。図で示すとこうなる（下図）。

ある成果を形にするには、それを実現するための〝技術や知識〟が要る。しかし〝技術や知識〟は、「何をもってよしとするか?」といった〝考え方や価値観〟があることで初めて活きる。さらにその基盤として、物事に対する態度や姿勢、別の言い方をすれば〝あり方や存在〟がある。

アップルのプロダクトを引き合いに出すと、わかりやすいかもしれない。一つの商品が形を成す足元には、それを実現するための〝技術や知識〟があり、社会や人間をめぐる〝考え方や価値観〟があり、スティーブ・ジョブズをはじめとするつくり

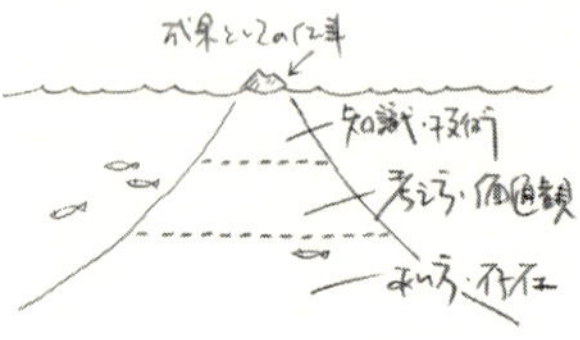

アップル
スティーブ・ジョブズらが創設したパーソナルコンピュータのメーカー。「Macintosh」「iPod」「iPhone」などを開発・製造。

手たちの〝あり方や存在〟がある。

　それが映画であれ料理であれタクシーの運転であれ、人の仕事に触れている時、私たちはこの山の全体を感受していると思う。最終的な成果だけでなく、それを「それ」たらしめている働きの全体を享受している。だから、よく出来てはいてもさして感動的でない仕事もあるし、品質的には今ひとつでも愛おしい仕事があったりするのだろう。

　で、僕は上側の〝技術や知識〟については、教えることにあまり抵抗感を覚えないようだった。教えやすくもある。

　しかし〝考え方や価値観〟になるとブレーキがかかる。それは外から与えるべきものではないと感じているようだ。〝あり方や存在〟に至っては、なにをか言わんやである。

　学校では教育の商品化が進んでいて、扱われる内容は上側の「教えやすいこと」に偏っている。下のほうのこと、たとえば〝あり方や存在〟は教えようがなく、たいてい手薄だ。そもそも言葉では伝えにくいものなので、たとえば徒弟制度の世界では親方と衣食住をともにするような形で、人格を投じた丸ごとの伝承が試みられる。

仮に本人の力能が上に偏っていた場合。つまり内面で育まれた〝考え方や価値観〟が脆弱で、実感（あり方や存在）との接続が弱く、でも〝技術や知識〟はある程度持っているような人は、他人の道具になりやすい。

でもそんな都合のいい人材を育てたいなんて思わないし、思えない。

とは言え大学に徒弟制度は導入できない。ゼミや研究室といった形は少し近いかもしれないが、そもそも自分の立場は非常勤講師だ。〝あり方や存在〟について言えば、短い授業の中で自分の〝それ〟を身体を張って示す以外に出来ることはあまりないのかも。その際、教授法のたぐいはむしろ邪魔だなあ…。という見通しに至ったのはもう少し後のことで、当時の自分は「どうすればもっといい授業が出来るんだろう?」とか、「人の力を引き出すには？」といった問いをいつも握りしめていた。

〝働き方〟と〝かかわり方〟

人の力を上手く引き出す人たちには、以前から関心があった。オーケストラの指揮者にも、大工の棟梁にも。ともに働く人たちに達成感や成長感覚を与えることの出来る存在に、強い憧れがあった。

そこには20代の後半に勤めていた会社で自分をいかしきれない感覚に浸っていた、僕自身の課題や願いも含まれていたと思う。しかし会社を辞めて、複数のプロジェクトにディレクター的な立場でかかわり始めた当時の自分にとって、同じ組織に属しているわけでもない多様なメンバーの力をいかに引き出しつづけてゆけるか？は、切実な課題だった。

頑張っていいものをつくろう！と熱弁をふるったところで、そうなるわけじゃない。口上より、具体的なプロセスをつくることが重要なのだけど、そのプロセスを駆動する動力源は一人ひとりの心や気持ちだ。

部下をやる気にさせるとか、モチベーションをマネージメントするといった言説はまったく好きになれないのだが、それでもどうすればそれぞれの力がより発揮されて、プロジェクトを思いもよらなかったところへ到達させることが出来るか？という問いは消えない。

「やってみせ、言って聞かせて、させてみて、ほめてやらねば、人は動かじ」という山本五十六の言葉が気になったり。広告代理店のクリエイティブディレクターにコピーライターあがりの人が多いのはなぜだろう、と考えてみたり。

そうこうしているうちに、ある仕事を通じて〝ファシリテーター〟という存在を知った。

ファシリテーター（facilitator）は、ワークショップや参画型の場におけるコーディネーターのような進行役のような、一言で説明するのが難しい職能である。facilitation の語源はラ

山本五十六
1884〜1943年。大日本帝国海軍軍人。太平洋戦争を戦った日本を代表する提督。上の言葉は、出羽国米沢の藩主・上杉鷹山の言葉「してみせて 言って聞かせて させてみる」の影響を受けていると言われる。

テン語の facere で、「なす・作用する」といった意味合いを持つ。「facilis（たやすい・容易）＋ate（する）」だから、テーマがなんであれ、場に集まった人々によるその取り扱いを可能にするのがファシリテーターの仕事であると言っていいだろう。トップダウン型の指導や管理を担ってきた旧来のリーダーやディレクターに代わる、これからの支援者的なプロジェクト・マネージャー像をファシリテーターという職能は提示してくれていると思った。

求められる資質をまとめた、次のような10箇条にも出会った。

①主体的にその場に存在している。
②柔軟性と決断する勇気がある。
③他者の枠組みで把握する努力ができる。
④表現力の豊かさ、参加者の反応への明確さがある。
⑤評価的な言動はつつしむべきとわきまえている。
⑥プロセスへの介入を理解し、必要に応じて実行できる。
⑦相互理解のための自己開示を率先できる、開放性がある。

この10箇条は中野民夫さんの『ワークショップ』（岩波新書）より抜粋。米国の School for International Training（SIT）という大学院でまとめられたもの（原訳／南山短期大学・星野欣生教授）に、西田真哉さん（後出）が若干のアレンジを加えている。

facilitate　動詞・他動詞
1〈物が〉…を容易［楽］にする；〈行動処置などを〉促進［助成］する．
2〈物が〉〈人を〉手助けする．

facilitator　名詞
（物事を）容易にする人［物］；世話人

プログレッシブ英和・和英中辞典より

⑧親密性、楽天性がある。
⑨自己の間違いや知らないことを認めることに素直である。
⑩参加者を信頼し、尊重する。

「他者」や「参加者」と書かれている部分を、学生や、プロジェクト・メンバー、子どもや患者、あるいはお客さんに置き換えることも可能で、人と人のリアルなかかわり合いの中で働きを成す、あらゆる支援的な仕事にそのまま当てはまる話だなと思った。

これかも…と手がかりを覚えて少し嬉しくなった。が、経験の乏しい自分にはまだ能書きに過ぎない。人前に身をさらしつつ現場でどうすればいいのか、がわかっていない。「この人たちは実際どんなふうに人にかかわるんだろう?」「何を大切にして動くのか?」といったことを明らかにしたくて、その頃始めていた〝働き方研究〟と同時進行で、目についたワークショップに参加するようになった。

働き方研究
西村佳哲が20代後半から始めた個人的な探求。『自分の仕事をつくる』(晶文社/ちくま文庫)にその最初の報告をまとめ、補稿として数年後に『自分をいかして生きる』(バジリコ/ちくま文庫)を。また『自分の仕事を考える3日間 I』『みんな、どんなふうに働いて生きてゆくの?』(弘文堂)『なんのための仕事?』(河出書房新社)などを上梓。

本書はそんなふうに始まった探索の報告書だ。なんの探索かと訊かれたら、「かかわり方」ということになる。

どんな仕事の先にも必ず人間がいる。授業やワークショップや、調理や接客のような対人のそれはもちろんのこと、自然を対象にした仕事でも、ダムのような大規模設備を扱う仕事でも。私たちは仕事を介して、人にかかわり、かかわられて生きている。

で、この働きの質は、技術や心掛けもさることながら、その「人間」をどう見ているか？あるいは人間がどう見えているか？ということに大きく左右されるんじゃないか。

心から尊敬している人に半端な態度はとれないものだし、たとえば明らかに身体を衰弱させている人が目の前にいて、その人が口にする料理づくりを任されたなら、必要な丁寧さや慎重さは自然に伴われるだろう。

丁寧に働いたり生きることの大切さが説かれているのを、よく見かける。以前書いた『自分の仕事をつくる』にもその指向性はあったと思うが、足りないのは技術や心掛けでなく〝真剣さ〟ではないかなと思う。で、そこへ向うには対象を、つまり「人間」を感知する力が要る。

もっと真剣に働きたいとか、仕事に本気で取り組みたいという気持ちを抱えている人は多分たくさんいる。

そうなりきれない理由を、まだテーマを見つけられずにいるからだとか、やりたいことを明確に出来ていないからだと考えて内面を探りに行くことがあるとして、それを間違っているとは思わないが、わたしたちが「働ける」のは、自分の願いと社会のそれが重なるところだ。

なら自身への眼差しと同時に、他の人々へ向けるそれが欠かせないだろう。人間に対する視力や感受性の質が、技術や心掛けより、その仕事や働きの質において決定的なんじゃないか。

まえがきの前に収録したインタビューで西原由記子さんが語ってくれたのは、自殺防止センターの電話応答をめぐる話で、授業のやり方でもプロジェクトの進め方の話でもない。けど、人を見て、感じ、そしてかかわりを持つありようの豊かな一例として、いきなりではあるけれど冒頭に載せてみた。

この10年の間に複数のワークショップに参加し、自分でも場を開いてみたり、さまざまなファシリテーターと話を交わしてきた中で、感じ考えてきたことを共有してみたい。最初に手にしていた問いは、「ファシリテーターは何をしているのか？」だった。その探索を、彼らの言葉を訪ね直すところから始めてみます。

1 ファシリテーターは何をしているのか？

難波克己さんにアドベンチャー教育の話をきく

【2002年夏・赤城】

お互いの価値観や存在を、最大限に尊重する

アドベンチャー教育という分野がある。Project Adventure(以下PA)という呼び名で知られる野外プログラムで、若い人の中には、学校で体験したことがある人もいると思う。

PAのプログラムには、個人でなくグループで行うようにデザインされているものが多い。道具をいっさい使わずに高さ約4mの大きな壁を自分たちの力だけで乗り越えるとか、人と人が全力でかかわり合う中でようやく可能になるような課題が次々と提示され、グループでそれに取り組んでゆく。

その過程を通じて参加者はめいめいの能力や持ち味に触れ、時には自分の欠点にも直面する。しかしその欠点を含んだ人間同士が、グループの中で互いに活かされてゆく過程を通じて、他者への信頼、ひいては自分を肯定し受容する感覚を育めるよ

玉川大学学術研究所・心の教育実践センター提供

うに考えられている。一見、面白おかしい野外レクリエーションのように見える部分もあるが、実際は周到にデザインされた心理的なプログラムだ。

難波克己さんは日本におけるPAの草分け的な存在であり、ファシリテーターである。自然を舞台にしたアドベンチャー教育や遠征教育、アドベンチャー・セラピーの実践に携わってきた。時には学級崩壊に到った中学・高校の教室にかかわり、人間関係を立て直すワークショップも行っている。

彼は20代の前半に、留学先のアメリカでアドベンチャー教育と出会った。

――なぜアメリカへ？

難波　高校を卒業した時、日本の大学はちょうど学生運動が終わった頃で、そのありさまに幻滅していました。知らない世界へ行ってみたくて。勘当同然で家を飛び出したんです。
　まだ若者が一人で海外旅行できるような時代ではなくて。ツアー客に混ざってハワイへ向かって、空港でこっそり抜け出して一人でロサンジェルスへ飛んで。そこで大学を調べて、ルイヴィル大学へ行ってみようって。夜中の二時ぐらいに街に着いて。まずは学費を稼ぐために中華料理屋で皿洗い。そこから僕の人生のアドベンチャーが始まったんです。

——アメリカの社会では、ＰＡはどう機能しているんですか？

難波　向こうで大学4年生の時に、ある裁判所のプロジェクトに参加して、レクリエーション・セラピーと出会いました。犯罪をして捕まった子どもたちは二択を迫られます。少年院へ行くか、冒険学校のプログラムを受けるか。
　後のほうが楽そうでしょ（笑）。ところが選んでみると、洞穴の中で一週間とか、落ちたら間違いなく死んでしまいそうな

難波克己
1953年、神奈川県横浜市生まれ。玉川大学学術研究所准教授・心の教育実践センター主任代理。高校卒業後、横浜・YMCAで出会った野外教育、キャンプ、青少年社会教育の経験を生かしてアメリカへ留学。レクリエーション・セラピー、野外教育、スポーツ心理、適応体育学、カウンセリング心理を学ぶ。1995年、プロジェクト・アドベンチャー・ジャパン設立。チーフトレーナーとして、その普及と指導者育成に携わる。現在は大学で研究と教育現場

岸壁を直登といった、ハードな野外プログラムが待ちかまえている。生死を感じるような、初めて体験する恐怖への直面と、その克服を通じた自信の回復。そして他人に対する敬意。プログラムを通じてそれらが育まれるんです。

レクリエーション・セラピーを選択した子どもたちのほうが再犯率は低いんですよ。かかる費用も少ない。プログラムの基盤には心理学のバックボーンが横たわっていてね。単なる野外活動ではなく、彼らを力づけ、自立させてゆく心理プログラムなんです。アルコール依存症の治癒や、末期ガン患者の免疫力回復とか、さまざまな分野で活かされています。

――プログラムの中でどんなアドベンチャーを?

難波　たとえば、激流のラフティングに連れ出します。オールを持たせてね。「右!」「左!」って、かけ声に合わせて必死でパドリングしないと、岩場にあたって全員がボートから放り出される。無駄なことを考える余裕は微塵もない、懸命な体験で

における実践活動に注力。

レクリエーション・セラピー
スポーツやゲームを通じて、障害や病気からの回復を図る治療技法。

ラフティングについて
難波「川の流れを生き方の流れに重ねて、それを読むこと。ネガティブな環境を読みつつ安全に進む力を養うという比喩が、ラフティングのプログラムには含まれています。流れに逆らうのは無理。でも前もってそれを読み、予想すること、もし流されたら次の行動に移ることなど、次々に展開する意味付けを含む活動です」

す。

もちろん、特別な体験をしてそれで終わりじゃあない。その後に星空の下のカウンセリングが付いています。

他にはそうだな。たとえば不良のグループがいたとしてね、彼らとロッククライミングをしたり。クライミングはとてもいいんだ。自分と向き合うから。必ず自分で決めなければいけないし、引き返せない。200mの岩盤を一緒に登るんです。そして全員が頂上に上がったら、今度はロープをつかって降りる。これがね、どんなに安全だと説明されても怖い。下がまったく見下ろせないようなところを、わざわざ降り口に選ぶんですけど（笑）。

「誰から行く？」と訊く。グループのボス格の子が、最初に行けなかったりするんだな。で、グループの中では立場の低い女の子がさらっと先に降りてしまったりします。すると地上に戻った時に、グループの質が変わる。ボスだった子に対して他の連中が偉そうな態度を示すようになるわけではなくて、「ボスにしておいてあげる」ような関係が組み直されるんですよ。

——日本におけるPAは？

難波　少年院への導入はまだ一部の人が検討している段階。個人的には、不登校児の多い学校や、地方の暴走族を相手にPAをしたことはあります。

僕はね、学生たちが学校に来てくれていることに、学校や教師は「ありがとう」という気持ちを持つことが大事だと思うんです。服装がだらしなくて、態度は無気力で。それでも学校に来ているわけです。その彼らに対して、校門で待ちかまえて服装をチェックしたり、ヘアスプレーをかけたり、そんなことをしちゃう学校もあるのだけど。

PAの創始者の言葉に「フルバリュー・コントラクト」というのがあるんです。お互いの価値観や存在を最大限に尊重すること。このことを知って生きているのと、ただ生きているのは違うことなんですよ。

社会にはいろんな人間がいます。そのすべてを肯定するのは難しいと思う。でも、人が自らいのちを絶つことなく生きてくれているということ、そのものを尊重できなければいけないと僕は思います。


――ファシリテーターに求められるものは、なんだと思いますか？


難波　一言でいえばコミュニケーション・スキルです。

他人とのかかわり合いの傘の大きさは、その人の経験の幅や深さによる。経験の幅が狭いと、他人の気持ちをあまり察することが出来ません。同じ気持ちを共有するための経験値が足りない。

でも先生とか指導者的な立場にいる人には、やっぱり人生の成功者が多い。出来ない子どもの気持ちはどうにもわからない、と言う人が多いです。あるいは受け容れることが出来なかったり。自分自身の経験をまだ十分に深められずにいる人、自分の欠点を認められずにいる人は、人の気持ちのありようにも寄り添えないですよね。

難波さんは、「お互いの価値観や存在を尊重することを知って生きているのと、ただ生きているのは違う」と聞かせてくれた。その尊重のないところに、人の成長や進化は生じないということか。なら、ファシリテーターのまず最初の仕事は「相手を尊重すること」になる。最大限に。

その重要性をはっきり言い切れるのは、彼自身に、そのように扱われ、そのことから力を得てきた実感があるのだと思う。家出同然でアメリカに渡った20歳前後の彼はとにかくお金がなくて、大学の学費を稼ぐためにサッカーのプロテストを受けたこともあったとか。

「でも出会う人にすごく恵まれてね。何も持っていない、どこの馬の骨とも知れない僕のような人間を、信じて支えてくれる人たちがいた。彼らの助けを得て、なんとか大学に通いつづけることが出来たんです。お金はなかったけど、自分を信じて、夢を失わずに。絵に描いたナポレオン・ヒルのような話ですよ（笑）」。

難波さんは行動面の枝葉でなく、どのように人に相対《あいたい》するかということを、伝えてくれた。

青木将幸さんに良い会議の話をきく【2003年秋・東京】

その場に集まった人たち次第で決まる

初めてお会いした7年前、青木将幸さんはまだ27歳で、若手ファシリテーターの中で明星のような存在感を放っていた。しかしちょうどこの頃、彼は自身のファシリテーター観の変わり目の只中にいたと思う。

10代の終わり頃からNGOの教育・研修技法としてファシリテーションを学んだ青木さんは、20代後半になって、次第に「研修」から「会議」に重心を移していた。

現在彼は、会議の進め方の講師、ないし会議のファシリテーターとして、全国の様々な場に求められ、毎週のようにどこかへ出かけている。メンバー間で十分な話し合いが出来ずに困っているNPOのミーティングに呼ばれたり、シャッター街化した地方の商店街の対策会議に呼ばれたり、ある中学校の生徒会

NGO
Non-Governmental Organization 民間人や民間団体による非政府組織。

NPO
Nonprofit Organization
社会貢献活動や慈善活動を行う、非営利の市民団体を指すことが多い。

から校風改革のための会議の進行をお願いしたいという相談を受けたり。離婚について前向きに話し合いたいが、二人だと話し合いにならなくて…という夫婦の家族会議まで、その幅は実に広い。

青木さんは「どんな会議のファシリテーションでも出来ると思う」と言う。つまり、彼が扱っているのは会議の内容ではないということだ。

――ファシリテーションとの出会いは？

青木　アメリカのSEACという組織での研修です。18歳の頃に、A SEED JAPAN の羽仁カンタと出会いました。彼はアメリカに留学していた時、そのSEACに参加して環境運動をひろげる技術を学んでいた。帰国後、日本の仲間のためのオリジナルの研修プログラムを彼らに依頼したんです。それに参加し

SEAC
Student Environmental Action Coalition
学生による環境運動の全米組織。各地の団体がそれぞれの運動や活動をより効果的に行えるよう、様々な技法を教えている。

A SEED JAPAN
1991年に設立された日本の青年による国際環境NGO。1992年の「地球サミット（国連環境開発会議）」へ日本の青年たちの声をとどける活動がその始まり。野外音楽フェスティバルにおける「ごみゼロナビゲーション」でも知られる。羽仁カンタさんは設立時の共同代表。

Photo: Kyosuke Sakakura

て。
　このリーダーシップ・トレーニングには、日本から約二十名が参加しました。2週間のプログラムで、活動戦略の立て方、課題の選び方、人の集め方（リクルーティング）、行動の起こし方など、さまざまなことを学んだ。
　中でも個人的に印象に残ったのは「グッドミーティング」、つまり「よい会議の進め方」というパートです。その講義の中に〝ファシリテーション〟という言葉が出てきた。僕にとってはこの時が、この言葉との初めての出会いです。説明はほんの5分程度でしたけど。

——海外の手法は、日本で使えましたか？

青木　アメリカで感じたのは、土台となっている社会の違いです。〝参加〟の意味合いが日本とまるで違った。
　たとえば小学校で遠足に出かけるとします。どこへ行く？

青木将幸
1976年、和歌山県新宮市生まれ。18歳の頃から学生環境サークルやエコ・リーグ、A SEED JAPANなどで環境活動を開始。人材育成トレーニングの学習と指導を始める。2003年、青木将幸ファシリテーター事務所を設立。以来さまざまな会議の進行と研修講師を務める（双方とも年間50回程度）。都留文科大学非常勤講師。
Photo: Kyosuke Sakakura

その行き先を、アメリカでは先生が決めていない。「みんなで決めてください」となる。決まったら先生はそのコーディネイトをしますというスタンス。とにかく民主的なプロセスをつくる。小さな頃からそういう訓練を積んできた人とそうでない人では、場に対する参加の姿勢はおのずと違いますよね。責任のある主体的なかかわりをする習慣があるかないか。この背景の有無によってファシリテーションの求められ方は違います。

たとえば日本人相手だと「参加してもいいんですよ」というところから始めなければいけないので、〝引き出す〟手法に話が集中しやすい側面もある。アメリカでは、むしろ人々の過剰な参加性をバランスよく抑えることのほうにファシリテーターのスキルが求められる。極端に抑圧されている人も多い社会ですから。

ＳＥＡＣには3年通いました。でもちょうどその最後の頃に仙台の加藤哲夫さんと出会って、ＳＥＡＣの方法論を越えた世界が見えてしまったんです。

加藤哲夫
１９４９〜２０１１年。福島県生まれ。広告代理店を経て、１９８９年まで宝石貴金属卸業を営む。その傍ら１９８１年に出版社「カタツムリ社」を設立。１９８５年にはエコロジーショップ「ぐりん・ぴいす」を開店。環境、エネルギー問題、食、有機農業にかかわり、ＨＩＶ薬害訴訟を支援。１９９７年に日本で四番目の民設民営によるＮＰＯ支援組織「せんだい・みやぎＮＰＯセンター」を設立、代表理事・常務理事を務める。著書に『市民の日本語――ＮＰＯの可能性とコミュニケーション』（ひつじ市民新書）など。

日本のNPOには、自分たちの活動を評価するスキルが欠けていると感じていたので、各NPOのスタッフを集めて、加藤さんにワークショップをしてもらおうと思った。「テーマは〝評価〟でお願いします」と伝えました。NPOセンターの運営や市民活動を手がけてきた加藤さんなら、そのノウハウや技法を持っているだろうと考えたんです。

そうしたら、「そのテーマを扱った経験はありません。ワークショップでやるのは初めてだし、詳しくもない。でもやりましょう」と言う。そして結果的にとてもいい学びの場が生まれたんです。これは驚きでした。

それまで僕たちは、集まってくる人たちに「こんなことを伝えたい」「こんな知識を共有したい」という気持ちでトレーニングをしていた。

けど加藤さんは、集まってきたみんながそのテーマについてどんな想いを抱いていて、どうしたいかが大事なんだと言う。参加者はそれぞれの実体験を持っているのだから、そこから始めればいいんだと。
そして、「その場で生まれるものがワークショップですよ」と僕に話してくれた。研修プログラムを中心に場をつくってきた自分にとって、これは衝撃的でした。
このことをきっかけに、SEAC型のトレーニングに疑問を持ち始めたんです。ちょうど、押しつけがましさのようなものが気になり始めてもいた。最初は面白かったけど、あらかじめ答えを持っている人がそれを教えて伝えてゆく、引っ張ってゆく技法のように感じられて。

――他のメンバーも青木さんと同じ気持ちを？

青木　いや、そこまでは感じていなかったようです。僕も加藤さんに出会うまでは、SEACに行ったメンバーと一緒に日本のNPOのための人材育成のトレーニング・プログラムをつくっていました。誰でも教育できるように一所懸命マニュアル化

加藤「ワークショップとは創造的な議論をすること。そのためには参加者の多様な意見を一望出来ることが重要です。それが互いに見えれば、参加者は自分の意見に固執せず、創造的に議論できる。行政がしばしば望む〝合意形成の手法〟つまり住民の考えを一つにまとめることと、ワークショップは違うと思います」（2003年・森川千鶴による全国教育系ワークショップのメールマガジン用インタビューより）。

しようとしていた。

　でも加藤さんのあり方を見てから、「マニュアルじゃないよなあ」と強く思うようになって、意見に相違が生じるようになってしまった。「マニュアル化しないと品質が揃わないよね？」と他のメンバーに問い質されるんです。「でも、もう今までのようにはやれないよ」と思った。「これまでやっていたのはワークショップではないんだ…」って、思えてしまって。「品質を揃えるなんてそもそも出来ないんだ。それは、その場に集まった人たち次第で決まるものなんじゃないかな」という感じで、話は並行状態になって。結果として、A SEEDを離れたわけではないけどトレーニング・プログラムづくりからは抜けたんです。

　その頃から今5年ほど経って。僕はようやく、自分がまったく経験のないこと、初めてのこと、やれないことについてでも場を開けるようになったと思います。加藤さんが「評価」というテーマが初めてでも、学び合える場をつくることが出来たように。

——たとえばテーマが「お産」でも？

青木　お産！　…したことないし、わからないけど。そうですね、ファシリテートできます（笑）。「よし、やってみよう」と思えるようになった。

数年後、実際に行っていた。

——腹を括れるのは、要は心構えであるということ？

青木　いやそれだけじゃない。〝ワークショップの手法〟と〝ファシリテーターとしての姿勢〟。自分の中でこの二つが出来てきて、何にでも対応できるようになってきたんだと思います。お医者さんと同じです。助けたいと思っても、医療のスキルがなければ始まらないし、逆にいくらスキルがあっても気持ちがなければ動けませんよね。技術だけ手に入れて人を弄ぶような真似をしてはいけないし。

〝手法〟と〝態度〟の二つは、かけ算のようなものだと思います。0×2は0です。でも2×2なら4になる。

最近青木さんとある組織の勉強会をご一緒して互いのファシリテーションを見る機会を得たのだが、数年前のこのインタビューで語っていた彼の姿勢は、もうすっかり板についているように思えた。

僕の場合、「参加者にはこんな求めがあるんじゃないか?」と事前に想定し、取りあえずの内容をおおよそ用意しておいて、それを提示しながら微修正を加えてゆく進め方が基本だった。授業やワークショップやミーティングの内容をある程度準備して挑む。ところが彼は徹頭徹尾、自分のほうから内容を提示しない。その日その場に集まった人たちが声を出して、互いの言葉に耳を傾ける関係をつくり、その当人たちの発言を手がかりにミーティングを進めてゆく。

人々は誰かが用意したミーティングに参加するのではなく、

その場で、みんなでミーティングをつくり出してゆく過程を体験する。事前の準備をしないわけではないが、準備の中味が違った。

僕は自分の想定能力や確度に多少自信があったし、いい場が生まれる助けにもなれる信頼感を抱いていたが、でも青木さんのかかわりを通じて生まれる場の質には省みるものがあって、以来だいぶやり方が変わった。その場のかかわり合いを通じて生まれるものを即興的に構成してゆくことのほうが多くなり、コミュニケーション的な要素が増えた。

青木さんは20代後半の加藤さんとの出会いで、それまでやっていたことをそれまで通りにつづけることが出来なくなってしまった。変化することや自分の可能性に対してオープンだったわけで、そんな人がつくる場では、集まる人たちのエネルギーの質もこんなふうになるんだな…と思いながら彼の働きを眺めている。

青木さんにしても難波さんにしても、他人に何をするか?とか、どう接するか?という話の前に、本人自身がどう生きているか?という前駆があり、それが彼らの〝働き〟を可能にしている。「手法と態度」という彼の言葉は、「技術とあり方」に置き換えることも出来るだろう。

なぜ人にかかわるのか

ところで、技術や道具には危ない側面があると思う。その一つは、手に入れると「使ってみたくなる」ことか。

啓発的な本や話に感化された人が、他人にもその考え方や処し方を強く薦めたり、時には押しつけてくる姿を見た憶えは誰にでもあると思う。手に入れた思考の道具を片手に、やたら問題解決を迫ってくる人たちのこと。

本人以上に本人のことに一所懸命であるという点において、そこには心理学でいうところの「投影」も垣間見えるわけだが、

投影
触れることを避けている自分自身の問題や課題を、防衛的な心の動きの一環として、他人の姿に投じることを指す。たとえば「みんな退屈している」という周囲の見え方が実は自分が退屈しているだけのことであったり、「あの人は私を嫌いに違いない」という感覚が、その人に自分が感じていることの現れであったり。

コーチング
人材開発の技法のひとつ。コーチングを受ける人(クライアント)と目標を設定し、その達成にともに向う。

ひとまず「手に入れた道具を使いたくなる」話に絞ってみたい。

これと似た状態は、たとえばコーチングを学んでいる人たちにも、カウンセリングを学んでいる人たちにも、NLPやゲシュタルト療法、ヒーリングのたぐいを学んでいる人たちにも、人の力をとり扱うファシリテーター全般に見かけられると思う。

子どもがオモチャを振り回している感じに近いのかも。師から新しい力を学んだ直後の魔法使いの弟子。この喩えならまだ他愛のない感じもするが、「手術をしたがる外科医」のようなイメージになると、なかなか怖いものがある。

一つハッキリしているのは、どうやら相手のことより道具のほうに気が行っていることだ。話は途中からあまり耳に入っていなくて、「いつこれを持ち出そうか」と待ち構え、「こういう考え方があってね」とか「こうすればいいんだよ」と示す（この断定的な描写は、自分自身のそういう部分を思い出しながら書いている）。

で、そういう時、もうコミュニケーションは成り立っていな

NLP
Neuro-Linguistic Programming
神経言語プログラミング。催眠療法のエリクソン、ゲシュタルト療法のパールズ、家族療法のサティアが用いていたテクニックを体系化した、コミュニケーション・自己啓発・心理療法の技法（ドイツでは学校教育への活用は禁じられているという）。

ゲシュタルト療法
精神科医のフリッツ・パールズと妻のローラが、ゲシュタルト心理学や実存主義思想を手がかりに始めた治療法。「今・ここ」で、「いかに」話しているか、「何を」話しているかを問題にする。グループワークの形をとることが多い。

い。

なぜそうなってしまうのか？　その人のしんどさや悩みなんて本当は聞きたくない、ということなんだろうか？　相手に元気で、楽な状態でいてほしい。そのほうが自分も楽だから。一緒に歩いていて転んでしまった子どもに、親が「大丈夫？」と声を掛ける時、そこには「大丈夫」と言って欲しい気持ちが混ざっていることがままあるんじゃないかと思う。「どうした!?」とか「どこか痛い？」という声掛けでもいいはずで、「大丈夫？」という言葉には本人の気持ちを少し先回りしている気配がある。だとするとその子を案じているようで、実際は自分のために働きかけていることになる。

誰のためのファシリテーションなのか？ということ。いろいろな療法や、ファシリテーションの技法を並べたところで、人格的なかかわり合いのないところに統合も成長も起きないし、そもそも力は湧いてこない。

伊勢達郎さんに〝あり方〟の話をきく【2002年夏・東京】

ファシリテーターの存在が場に影響を与えている

子どもたちの野外キャンプは、キャンプリーダーの経験やスキルが高いほど自由度が高くなるという話を、以前あるファシリテーターから聞いた。そのようなキャンプの極みを「フリーキャンプ」という。1日の活動を大人が用意せず、子どもたちとかかわりながら、その中から自然に生まれてきた遊びや過ごし方をサポートしてゆく。

その達人と言われる人が、徳島でTOECというフリースクールを開いている伊勢達郎さんだ。彼は幼稚園と小学校に該当するフリースクールを、スタッフや通ってくる子どもの親たちと運営している。

毎朝、子どもたちと「チェックイン」というミーティングを持つ。最初の一周は、「今の自分についてみんなに伝えておき

TOEC
Tokushima Outdoor activity Education Center
1985年、設立。野外プログラムやカウンセリングワークショップを中心に活動を始める。2001年にNPO法人格取得。

たいこと」について。お腹の調子が少し悪いとか、昨日読んだ本についてまだ興奮しているとか。スタッフも一緒に。その後「今日やりたいこと」をめいめいが語る。遊び始める子もいれば、習い始めた勉強のつづきをする子もいる。スタッフはつかず離れずの距離感で、それぞれの活動をサポートする。

子どもたちが帰ってから、今度はスタッフ同士の語り合いの時間を持つ。親が加わることもある。議題はとくに決めずに、なにか浮かんできた人がそれを語り、ともに味わう。問題を解決するための時間ではなく、互いの居所を確認し合うような語り合いの場だ。

フリースクールについて誤解している人がいるかもしれないが、不登校の子どもを預かる施設ではない。教科教育に従わせるのではなく、子ども自身の興味や実際の経験を通じて学び・成長してゆく力を信じ、そちらに軸足を置く学校がそれ。そんな場づくりを重ねてきた伊勢さんに、彼のファシリテーター観をうかがってみた。

伊勢達郎
1959年、徳島県生まれ。NPO自然スクールTOEC代表。1990年より田んぼと畑の幼稚園「TOEC幼児フリースクール」を、1998年より同小学校「TOEC自由な学校」を開校。カウンセリング、自然活動教育、学校、住民運動が渾然一体となった日々を送っている。著書に『ヒーリングレクリエーションのすすめ』（日本レクリエーション協会）、『のびやかに自分になる』（TOEC文庫）。共著に『現代野外教育

概論』（海声社）など。

――先日、「ファシリテーションのメタスキル」というテーマでセミナーを開いていましたね。「メタスキル」ってなんですか？

伊勢　プロセス指向心理学の分野のアーノルド・ミンデルという学者さんを知ってます？　「ワールド・ワーク」というワークショップを世界各地で開催している人で、妻のエイミーさんが『メタスキル』（邦訳、コスモスライブラリー）という本を書いている。言葉の出所はそこです。それが意味するところを嚙み砕いて伝えるのは難しいんですが、ファシリテーターの器や態度、あり方を指す言葉だと僕は理解している。そこがとても大事だと思っているんです。小手先の技法より、ファシリテーターの存在そのものが、場に対して決定的な影響を与えていると思いません？

アーノルド・ミンデル
Arnold Mindell
1940年生まれ。ユング派の流れをくむ臨床心理学であるプロセス指向心理学、プロセスワークの主な創始者の一人。妻のエイミーと、米国オレゴン州を軸足に、教育とワークショップと研究のために世界各地を訪ねている。

――存在ですか…。確かにその場にいる人のあり方次第で、自分のどの面がどう出るかが決まるかも。

伊勢　その影響力に気づくのが大事だと思うんです。野外レクリエーションの講習会とかで、笑い方や、声のトーンの扱い方、立ち位置による違いとか、そういうファシリテーションの技法を教えたりするみたいなんだけど、本当に馬鹿馬鹿しいし小賢しいと思うんですよ。それよりも大きな影響力を、その人（ファシリテーター）の存在自体がすでに与えているのに。

僕には少し技法を軽視しすぎる傾向があって、このあいだ自分が開いたセミナーに集まった他の講師にも叱られた。でも、形や技法から入らない人もいていいんじゃないかな。極端な話、養成講座のたぐいは一切体験していなくたっていい。「滝にうたれることでいいファシリテーターになれるか?」と訊かれたら、僕は…なれると思うんだよね。

――どういう意味ですか？

伊勢　僕がやっているフリースクール（TOEC）のスタッフには、その手の講座にまったく参加したことがないけど、堂々と場を担えるやつが沢山いるんです。ずっと山歩きをしてきたやつだったり、背景はさまざまだけど。

そもそも今、第一線で活躍しているファシリテーションの先駆者たちも、どこかで養成講座を受けてプロになったわけじゃなくて、自分自身で試行錯誤してきたわけでしょ？　実際、ワークショップや体験学習の現場では、思いもよらないことが起こる。それは、他人に教わった小手先の技術では乗り越えられないと思うんだよね。

概念化は大事だと思いますよ。複雑な体験を言語化して、他の人と共有できる形にするのは大事なことだと僕も思います。でもねえ、なにかこう「学んだような気」にさせちゃうのはどうかなあと思うんですよ。「要するにこういうことです」とい

体験学習
実際の体験を通して学ぶことを目指す学習形態。「トライ&エラー」や「PDCAサイクル（Plan・Do・Check・Action）」などの概念と、基本的な構造は同じ。

う落としどころを他人が用意しないところが、体験学習の意義だと思うし。

――それは、参加者を信頼するということですか？

伊勢　「信頼がファシリテーターの仕事です」なんて気取って言うこともあるけど（笑）、でもその言葉は「信頼しなくちゃいけない」という一種の呪縛になってしまう側面もあると思う。それに「信頼」というとなんかこう確固たるもののような響きがあるけど、どうなんでしょうね…。

実際の現場でファシリテーターはそんな安定した存在ではいられなくて、もっと揺れ動いていると思うんだけどな。

「信頼」と「信用」はまた違う。信用はその人の言葉や行動に対する目処《めど》だけど、信頼っていうのは…その人の〝存在〟に対するものですよね。

大事なのはファシリテーター自身が、ワークショップの現場でどんな自分でいられるか、自分のことを信頼できるかだと思うんです。

自分という人間にはいろんな面があるでしょう。ファシリテーター自身にも、思わぬ支配性やエゴがあったりするものだと思う。それに気づくことが、とても大事なんじゃないでしょうか。そのことを「内なる教師の発見」という言葉で語る人もいる。気づくことで、その自分から自由になれる。今の自分と、気づいた自分の間に少し隙間が生まれて、自由に動けるようになって。自分のちっぽけさや、企てにも気がつけるようになる。

それは、実存的観察力とでもいうようなものだと思う。たとえ現場で緊張してしまっても、それがあれば、その場に留まることが出来る。緊張してしまった自分を逆に使いこなせるような感覚が持てるといい。その辺りのことが、今とても気になるんですよ。

――それは確かに二、三日の講習で学べるようなものではなさそうだし、学んだような気になってしまうのは勿体ないというか、怖いことかも。

伊勢　ファシリテーションや人前に立つ経験を積んでゆくと、「今・ここ」の自分に対する感受性は、むしろ損なわれていく部分があると思いません？　ある状況に直面しても「ああ、これはあれだ」とか「こうなったらああだな」とか。パターンで処理しやすくなる。そんなふうにしているうちに、パワーが落ちていってしまう部分があると思うんです。

〝あり方〟のまなび方は？

このインタビューの後、伊勢達郎さんの声がけで「育ち合う場づくりセミナー」という2泊3日の場が開かれ、僕もゲストの一人として参画した。

セミナーは2007年まで3年間つづいた。「自分流ファシリテーションを学ぶ」という副題がついてはいたが、最終回を

育ち合う場づくりセミナー
2005年から3年間、淡路島でTOECが開催した「自分流ファシリテーター養成セミナー」。伊勢達郎を中心に、佐藤道代、松木正、山北紀彦、西村佳哲がファシリテーターを務めた。

前にしてなお「何を学べるのかよくわからない」という問い合わせが少なからずあり、それを緩和する意図で行われた事前インタビューで彼はこんな話をしている。

「ファシリテーターはね、場に決定的な影響を与える存在です。とはいえ、場に何か与えているわけでも、その場を進めているわけでもない。彼がコトを起こしているわけじゃなくて、起こしているのはプロセスであり、その〝場〟なんだよ。自分がまだ持っていないものを手に入れたがるし、（ファシリテーションを）学びたい人は、武器や鉄砲を一所懸命に磨きたがる。でもそうじゃなくて。欠点だと思っていることも自分の宝物で。受け容れればその欠点も使いこなせるようになる。自分の持ち味を大事にしながら、その場にいることが出来るようになるんだ」。

言葉通り伊勢さんにとっては、〝いる〟こと。別の言い方をすれば〝あり方〟が重要で、世間一般のファシリテーター養成講座で行われている技法訓練はむしろその邪魔をしているんじゃないかという立ち位置から、彼の言葉は放たれている。
しかしこの〝あり方〟は、言葉で捉えるのが難しいし、頭で学べるものでもなさそうだ。

べてるの家の向谷地生良さんは、ソーシャルワーカーを目指す大学の学生に「現場で心掛けるべきことは？」と訊かれた際、思わず「形から入れ」と言ったらしい。「中味は後からついてくる」とも言い添えたという。学生から「それだと形式主義に陥ってしまうのでは？」という懸念が返されたが、その〝形〟が臨床の現場で吟味されてきたものであるなら、形から入って、かつそれを止めずにつづけることが大切である、という見通しを彼は持っているという。

ここで向谷地さんが述べている形とは、「こうするべき」「ああ動くべき」といった思考や理念ではなく、現場のかかわり合いの中で練り上げられてきた〝型〟を指している。思考でなく身体感覚のほうから、まさしくそれを〝身に〟付けてゆくこと

べてるの家
北海道・浦河にある、精神障害等をかかえた当事者たちの地域活動拠点。1984年設立。生活と仕事とケアの、三つの性格を併せ持つ共同体。向谷地生良さんはその中心人物。

の重要性を示唆している。現場では、頭より身体のほうが信頼できる、という感覚を持っているのだろう。

先の「育ち合う場づくりセミナー」にゲストとして参加していた松木正さんというファシリテーターは、伊勢さんが語る「技術より〝あり方〟」という想いを「そうやねえ」と受け取りながら、「〝あり方〟を成り立たせる要素の中に、僕は技術もあると思うな」と話していた。

彼は20代後半の米国留学時代、ラコタ族という先住民族のコミュニティに深くかかわった経験があり、語る言葉にはその時の交流を通じて血肉化されているものが多い。

ネイティブ・アメリカンの信仰の中心にメディスン・ホイールと呼ばれる、中を十字で仕切った輪のイメージがある。輪の上に生まれる四つの交点は、幼年期・青春期・成人期・老年期、あるいは肉体・感情・知力・精神の象徴として扱われる。

松木さんはこのホイールと同じ図案を使いながら、輪の中心

松木正
1962年、京都府伏見市生まれ。環境教育団体マザーアース・エデュケーション代表。著書に『自分を信じて生きる――インディアンの方法』（小学館）。西村佳哲によるインタビューが『みんな、どんなふうに働いて生きてゆくの？』（弘文堂）に収録されている。

Photo: Devadas (Masakazu Sanada)

にファシリテーターの〝あり方〟を置き、それを成り立たせる要素として「技術」「理論」「気づき」「自己」の四つがあると思う、と話してくれた。「どれが欠けても成り立たない。これらが回りながら、軸にあたる〝あり方〟を成り立たせるのだと思うよ」と。

表現は人それぞれだが、「あり方が重要」という言葉は、これまでに出会った幾人ものファシリテーターから聞かされてきたし、僕もそう感じる。ある存在感を持つ人が一緒にいることで、場の空気や質感、気持ちの集まり具合が変わる。小さな子ども同士の遊びの中にも、その子がいるのといないのとでは、楽しさが全然違ってくるような友だちはいた。そして思い返してみれば、確かに彼が何をしていたかということ以上に、彼らのあり方や存在感が効いていた気がする。

大村はまという国語教師がいた。彼女は、戦後の子どもたちが新しい社会をつくってゆくためには「ことば」の教育が重要

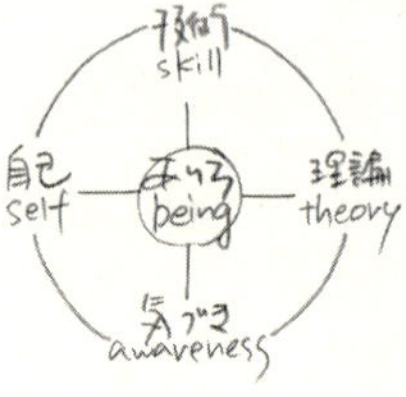

だと考え、その後の国語教育を照らすような単元学習の実践を重ねた。

たとえば一人ひとりの生徒が、ある一つの言葉について一冊の国語の教科書の中でそれが使われている部分をセンテンスごと抜き出して、カードに書き出す。その分類を通じて、めいめいが自分なりの辞書の一項目を書き上げるという授業をしたり。「自分の履歴書」というテーマで文章を書いた後、その生徒一人ひとりに、「あなたにはこの人を」と異なる人物伝が一冊ずつ手渡され、生徒はそれを読み進める中で気づいたことや学びを学習記録として手元に残して、最後に報告し合う授業だとか。

個々のアイデアは秀逸で組み立て方も素晴らしい。その授業を受けた数千名の卒業生から、忘れられない先生として今も敬愛されていると聞く。

が、彼女のドキュメンタリー映像を見て何よりも驚いたのは、「同じ内容の授業はしません」という一言だった。既に一度やっているものだと、自分のあり方が変わってしまう。教師が初々しさを失うことが生徒たちに与える影響を語っていて、居

大村はま
1906〜2005年。国語教師。生徒一人ひとりの実力と課題に応じた、オーダーメイド式の教育方針「大村単元学習法」を確立。ことばの教育を軸に、後の総合学習に通じる戦後の単元学習を実践した。著書に『大村はま国語教室』(全15巻、筑摩書房)、『教えることの復権』(苅谷剛彦・苅谷夏子との共著、ちくま新書)ほか。教室で使われた授業の資料は鳴門教育大学図書館に保管されている。

単元学習
あるテーマや題材について、ひとまとまりの学習となるように用意される教育方法。学習者の生活経験と興味の発展を重視するものが多く、米国で発達。戦後、日本でも盛んに行われた。

ずまいを正される思いがした。

　楽器の弾き方や音符の読み方を教えることは出来るけど、「音楽」を教えることは出来ない。それは実際に触れて、味わって、音楽そのものになってみるほかに近づきようがない。〝あり方〟のまなび方も、それと似ていると思う。

菅靖彦さんに「師」について話をきく【2004年秋・伊豆】

自分を揺らし、拓いてくれるもの

菅靖彦さんは伊豆高原で暮らしながら、セラピーや自己成長、心理学関連の書籍の翻訳と執筆を手がけている。

インタビューでお会いした頃、ちょうど彼はNHKの「こころをよむ」という連続講座の講師を担当していた。「自由に生きる・創造的に生きる」というタイトルで、トランスパーソナル心理学を起点に、一人ひとりが潜在的な可能性を活かす生き方をめぐるさまざまな話を展開していた。

一言でいえば自己啓発である。個人的にはちょうど、自己啓発的な本やワークショップに対する警戒心や、伊勢さんの「ファシリテーターは養成できるのか?」といった問いへの共感がピークに達していた時期で、読み返してみると、遠慮がちにではあるが菅さんにもその問いを投げている。

トランスパーソナル心理学
1960年代に展開を始めた心理学の新しい潮流。人間性心理学における自己超越の概念を、さらに発展させた。

自己啓発
自分が気づかずにいることを自覚し、より高い認識・理解に、自らを導くこと。

僕にとってそれは、〝人を導く〟ことをめぐる逡巡だった。ファシリテーションとは人を導くことではないはずだ。行き先を知っているのは本人なのだから。でも、まるで導師（グル）のような存在感、時には権威を積極的にまとっているようなファシリテーターの姿も見かける。

菅さんがそういう話ではまったくないのだが、そんなかかわり方でいいのだろうか？という疑問を誰かに尋ねてみたかった。

――トランスパーソナル心理学とは？

菅　人間の解放や成長、創造をテーマにした心理学です。人がいかに自由に人生を実現してゆけるかというところに焦点を合わせている。1960年代のアメリカ、ヒッピー文化やカウンター・カルチャーから生み出されたものです。当時「人間とは何なのか」ということに、皆が強い興味を持っていた。それが

菅靖彦
1947年、岩手県花巻市生まれ。国際基督教大学卒業。セラピスト、作家、翻訳家。80年代初期より、ケン・ウィルバーやスタニスラフ・グロフなどトランスパーソナル心理学関係の著作の翻訳に参加。その一方、創造性のワークショップを展開。日本トランスパーソナル学会副会長。訳書に『ずっとやりたかったことを、やりなさい。』（ジュリア・キャメロン著、サンマーク出版）など。著書に『心はどこに向かうのか――トラン

学術としてまとまりをもった。

それまでの心理学は、心の問題で社会から逸脱してしまう人たちを、どうやって元に戻すかというものでした。神経症の方の病症をなくすとか。

トランスパーソナル心理学では、私たちが普通に生きているその状態を、さらに正常化することを目指します。ただ生きていることと、よりよく、いきいきと生きることは違う。この違いはいったい何なのか。それを探るプロセスの中で、ある時には至高体験があり、ある時は癒される。それまでの心理学の潮流と宗教のちょうど境目にあたるものですね。

――「宗教」というと、良いイメージを持たない人が多いかも。

菅　そうですね。しかし宗教も、そもそもは人間の精神性を養う場です。でありながら、グルイズム（導師と弟子間の相互依存性）や、人に操作的にかかわる側面があるのも事実ですね。そんな宗教の、よいエッセンスをどう取り出すか。

スパーソナルの視点』（NHKブックス）など多数。

カウンター・カルチャー　対抗文化。その社会の主流を成している、あるいは体制的な文化に対抗する文化。狭義ではヒッピー文化を指す。

いずれにしても、宗教的だからという理由で敬遠するのは適切ではないですよ。東洋の禅を含み、さまざまな宗教的体験や儀式の中に、学べるものは多いと僕は思います。

――菅さんのお仕事への反論ということではなく、お考えをうかがってみたいことがあります。生き方の指南や、自己啓発系の書籍について思うことがあるんです。どんなに正しく、考え抜かれた内容でも、本人の経験が不十分なうちに、よくまとめられた先達の知恵を与えてしまうことの弊害について、どうお思いですか？

菅　与えてしまうのがいいことなのかどうか、それは確かにね。でも示されたものを鵜呑みにするのではなく、一つの地図として活用して欲しいと思います。あくまで、それを書いた人の経験から導き出された地図でしかない、ということは前提として共有したい。

ただ地図がまったくないと、自分の経験を照らし合わせたり、咀嚼することも出来ないでしょう。概念やコンセプトは自分の経験の言語化を助けてくれます。確かに、自分の生の体験を矮小化してしまう側面もあるだろうけど。宗教にも同じような側面はあります。

でも結局のところ、その局面で人にかかわる人、たとえばファシリテーターのような人の精神性が、最後には問題になる。

人が成長する過程で、自分より優れた人との出会いはとても大切なものだと思います。自分がまだ持ち得ていないものに敬意を示し、そこに自分を預けてみるということはね。操作される危険性もあるけれど、人間の愛が養われるには、他人を信頼して自分を預けることが欠かせないと思う。たとえば徒弟制度も人間が成長するための仕組みの一つですよね。

何かに自分を預けてみる体験は大切ですよ。自分を持ち上げてくれる精神的なメンターにあたる存在は、重要だと思います。

岸英光さんにコーチングの話をきく【２００３年夏・東京】

コンテンツよりコンテクスト

コーチとは、たとえコーチには出来ないことについてでも（たとえばオリンピックで金メダルを獲るとか）、相手の目標達成が可能になるように傍らで力になる不思議な仕事だ。同じく対人の仕事であるカウンセリングは、人が心に抱えている困難さの発展的解消を目指すが、コーチングは心や内面の困難さより、むしろその人の行動と結果を扱う。目標を明確にし、道筋を立てて、ともに伴走してゆくようなかかわり方だ。

岸英光さんは国内における草分け的なビジネス・コーチの一人。複数の個人クライアントや組織にかかわりながら毎日のように研修を重ねている。それらの場で岸さんは、何を大切にして人にかかわっているのだろう。

英語の「coach」の意味は四輪馬車。目的地に運ぶ馬車になぞらえて家庭教師がコーチと呼ばれ、追って指導者を指す言葉に。米国のスポーツ界で多用されていたが、次第に他の領域でも使われるようになり、ビジネスの世界で「コーチング」という呼称が与えられた。

――どんな経緯でコーチングの仕事に？

岸　20代の頃、日本に海外から面白い人がたくさん訪れていました。僕が勤めていた会社には比較的自由に動ける文化があって、『グローバル・ブレイン』（工作舎）のピーター・ラッセルを日本に招いたグループと出会ったり、その繋がりからパラダイム・チェンジやトランスフォーメーションといったテーマにも出会い始めたんです。ジェラルド・ナドラー博士が拓いた問題解決技法の「ブレークスルー思考」や「ワークデザイン」にも。

その中で、「人・能力・コミュニケーション」といったテーマに入り込んでいった。

――出会った人たちのような仕事を、自分もしてみたいと思ったんですか？

ピーター・ラッセル
Peter Russell
１９４６年生まれ。理論物理学者。著書『グローバル・ブレイン』で「情報の時代」から「意識の時代」への転換を示唆。

パラダイム・チェンジ
根本的転換。社会システムを含む大きな枠組みが崩壊し、変容すること。

トランスフォーメーション
変容。ここでは自己変革を指していると思われる。

ジェラルド・ナドラー
Gerald Nadler
ウィスコンシン大学名誉教授。理想のシステムを設定し、現状をそれに合うように変えていくことを目指す手法として「ワークデザイン」などを提示。

岸　いや、最初からビジネス・コーチになろうとか、ファシリテーターになろうという考えはありませんでした。興味に従って進んでいたら、いつの間にかその立場に就いていたんです。人と人が結びつくと、広がりと変化が生まれる。そのことに興味があった。

僕は今、年間500回ほどのセミナーや講演を全国で担当しています。どこでも大事にしているのは知識の伝達ではなく、実際にどれだけファシリテートできるかです。コミュニケーションの技法より、そのためのセンスを伝え、育むことの方に注力しています。

センスの共有が文化になるんですよ。スキルよりもそれを支えるセンス。会話の方法論やテクニックより、パラダイムです。交わされる言葉ではなく、その裏側にあるもの。コンテンツ（内容）より、それを入れるコンテクスト（背景・あり方・器）が大事だと考えています。

――もう少し具体的にうかがってもいいですか？

岸英光
1963年、東京都生まれ。千葉大学卒業。エグゼクティブ・コーチ。企業、自治体、教育、医療などあらゆる対象にコーチング。パラダイムシフトに関する講演・研修、一般対象の連続講座など全国で年300回以上。機能するコミュニケーションを日本の文化にすべく活動中。コミュニケーショントレーニングネットワーク（CTN）統括責任者。岸事務所代表。著書に、『ほめない子育てで子どもは伸びる』（小学館）、『弱音を

岸　たとえば病院なら、「どんな医療行為を行うか」ではなく「患者をどんな存在として捉えて、どのような立場で関係を持つか」ということ。企業でも同じことです。

――どんな存在として捉えて、どのような立場でかかわるか。

岸　大事なのは、立場やコミットメントをとれるかどうか、とるかどうかです。〝引き受け方〟と言ってもいいと思う。自分に「出来る」から引き受けるんじゃない。結果は後からついてくるもので、まずは器としてその立場をとるかどうか。そこが大事だと思います。

子育ても同じですよね。本当に育てられるかどうかなんて、生まれてくる前は誰もわからない。そこで自信が持てなくて、本やテレビから知識を得ようとする。ところが学べば学ぶほど逆に自信を失っていったり。あれも出来ていないしこれも出来

吐いていいんだよ』（講談社）、『課長塾　部下育成の流儀』『女性部下育成の教科書』（日経BPムック：共著）、『悩んでばかりの自分から抜け出す方法』（日本実業出版社）、『テクニックを超えるコミュニケーション力のつくり方』『プロコーチのコーチングセンスが身につくスキル』（あさ出版）、『営業マンは頑張るな！』（メディア・パル）など多数。
Photo:Toru Yokota

そうにないって。

でも大事なのは「何があってもこの子は育つし、自分は育てるんだ」という立場のとり方、引き受け方です。〃あり方〃ですね。


コミュニケーションというのは器なんです。器が出来れば、中味は自然に満たされてゆく。コーチングにせよ、カウンセリングにせよ、プレゼンテーションでも、メンタルヘルスでも、リーダーシップでも。どれも要は〃コミュニケーション〃です。

よく仲間と話すのは、「丼《どんぶり》飯のようなものだよね」って。どんな丼もご飯の部分は同じで、そこがコミュニケーションに該当する。その上に何を乗せるかで、カウンセリング丼にもなればリーダーシップ丼にもなる。僕が扱っているのは、そのベースにあたる部分のセンスです。

そのセンスを摑む方法は、とにかく実際に体験してみること。コミュニケーションが上手にとれるようになりたいと言う人は沢山いる。でも、話し方や身の振る舞い方なんて、一番最後でいいんですよ。まずは自分たちがお互いにどんな枠組みの中にいるのか。どのような立場や関係をとっているのか。あるいは囚われているのか。

そこが認識できないまま発声が出来るようになったところで、相手の目を見て頷いたところで、意味ないです。

インタビュー時の自分は、「コミュニケーションとは器」という話で「なるほど！」とお腹が一杯になってしまった。

今こうして振りかえると、「本人のことに他人が促進的にかかわることの〝わきまえ〟について、岸さんはどうお考えですか？」という問いも浮かんでくる。

次にお話をうかがう川嶋直さんは、人の思考や意欲といった、本人自身のものに他人が影響力を持つことについて、これまでに僕が出会ってきた中でも極めて意識的な〝わきまえ〟を持っているファシリテーターだと思う。

川嶋直さんに環境教育の話をきく【2003年秋・東京】

“depends on” 要するに「今・ここ」の話

川嶋直さんは大学を卒業して東京の喫茶店で少し働いた後、「自然と人をつなぐ仕事をしよう」と考え、山梨県清里のキープ協会に就職した。

日本における自然学校は現在、富士山麓のホールアース自然学校、国際自然大学校、そして川嶋さんのいる清里のキープ協会が三大拠点で、これらに北海道の「ねおす」やトヨタ白川郷自然學校などが肩を並べている状況だと思う。が、彼がそこで働き始めた頃、環境教育はまだキープ協会の柱の一つではなかった。これは彼が仲間たちと30年近い時間をかけて、その内実を育ててきた成果だ。

屋外の自然を舞台にして行われる環境教育の、少し前の姿はネイチャーガイド（最近はインタープリターと呼ばれる）。自

キープ協会
清里教育実験プロジェクト（Kiyosato Educational Experiment Project)。戦前・戦後に清里に深くかかわったポール・ラッシュ博士（アメリカ人）が、戦後間もない時期の日本の人々の貧しさを解消するべく、山梨県から土地を借りて高冷地のための農業実験を始めた。清泉寮というホテルやソフトクリームで一般に有名だが、その本懐は教育と実験。

インタープリター
自然と人の「仲介」となって、自然解説を行う人。「自然語の通訳者」と説明されることもある。

然を見る能力が高い人と足を踏み入れると、同じ森の中の体験が一変する。見えていなかったものが見えるように、聞こえなかったものが聞こえるようになり、自然との距離感が一気に縮まる。

しかし、その仕事に携わる人たちの間では「『面白かった』という感想で終わっていない？」「楽しければそれでいいの？」という問いが長く重ねられていた。「それでいい」という立ち位置もあるだろう。けど川嶋さんはそうは思い切れず、参加者の体験をもう少し深め、願わくば日常の中で自然とのかかわり方が変わるところまで進んでもらえないものかと、その糸口を探りつづけてきたのだと思う。

——川嶋さんが以前、「ワークショップを考え直す」ためのワークショップを開いたことがある、と人から聞きました。

川嶋　ええ。1995年頃だったと思います。きっかけは、あ

川嶋直
1953年、東京都調布市生まれ。財団法人キープ協会環境教育事業部シニア・アドバイザー。早稲田大学を卒業し、1980年に清里の財団法人キープ協会に就職。1984年から環境教育事業を担当。日本各地で実施される、指導者やインタープリターの養成事業の企画・運営を担当。社団法人日本環境教育フォーラム理事。著書に『就職先は森の中——インタープリターという仕事』（小学館）。

る開発教育系のプログラムの体験でした。
　短いロールプレイの時間があってね、参加者はある途上国の開発者や、村人や、役人の役をそれぞれ演じました。全体的に急いだ進行で少し無理を感じていたんだけど、ロールプレイが終わったところで進行役の人が、「みなさん、その地域に住む人々の気持ちがわかりましたね？」と言って。

――いきなりですね。

川嶋　うん。「ちょっと待って！」と思った。そりゃ、その地域の人たちについて自分がどう考えているのかを確認する機会にはなったかもしれないけど、当事者の気持ちがわかったなんてとても言えない。でもプログラムはそのまま先へ進んで、「つまり私たちの活動は…」と、彼らの立場を正当化するようなまとめに入っていって。こりゃまずいなーと思ったんです。
　もちろん場を設ける側には、伝えたいメッセージがあるでしょう。けど、その辿りつき方が予定調和的で、しかも「みなさん自身で辿りついた結果」のように仕立ててしまっている。この危うさについて、ちょっと立ち止まって考えなければという気になった。

しばらくは一人で考えていたんです。でも、周りの人たちに話してみたら、共感する声が多かった。声を掛け始めたら、十数名が手弁当で集まる場が生まれたんです。先のような「無理矢理な進行」をはじめ「なんとなく、このまま拡まってはまずいぞ！ワークショップ」と感じていた人たち。環境教育、野外教育、人間関係トレーニング、演劇ワークショップ、開発教育、気功のワークショップ、ディープエコロジーワークショップなど、さまざまな分野の中心的な人が集まってくれたんですよね。

——なぜ、無理矢理な進行が気になったんですか？

川嶋　「自分にもそれがある、あるかもしれない」と思うからですよ。僕にしたって場を設ける以上、自分なりの落としどころはあります。でもそれを僕が口にするのと、参加者が自分で感じるのとでは違いますよね？

「あなたがお感じになったことが今日の成果です」といった、参加者の体験にすべて委ねるオープンエンドなまとめの言葉も、もちろん正しい。でも環境教育プログラムの成果がそれだけでいいのか？という葛藤もある。僕としては「環境について明日から何かやろう！」という気持ちになって帰ってほしいわけですから。それを言葉で語って伝えるのは簡単だし、1分もあれば、いい具合に話せるとも思う。でも。

——どの程度の深さや自分事として、個々の学びや気づきが得られたのかは誰にもわからない。その時はただ純粋に体験を持ち帰ったけど、10年以上経った頃に突然「！」と思い立って行動が始まるかもしれない。その意欲をそっと支える、大事な体験になっているのかもしれない。

川嶋　たしかに本人の問題なんです。でもどこかに、それを

「本人の問題」と言い切ってしまっていいの？という自分もいます。

——「ねらい」と「落としどころ」という言葉はどう違いますか？

川嶋　よく使う言葉なんだけど〝depends on〟、状況によります。予定調和的な意味合いで言う「落としどころ」は軽いけど、状況を十分によく見て、落とす直前に判断するようなそれには、まるで違う重さがありますよね。後者の「落としどころ」は誘導的というより、合意の到達点という意味合いが強い。

ファシリテーションにしてもインタープリテーションにしても、結局は〝depends on〟だと思うんですよ。これこれこういうものでこうすればいいと、あらかじめ言い切れないんじゃないかな。状況によって、場によって、集まった人々の背景によってもすべて変わるでしょう。それって一般化できるの？と思う。すべて参加者次第だもの。

depends on ...
…次第である。…による。

ハッキリ言って、当日になってみなければ何もわからない。僕らのプログラムの最初の2~3時間は、兎にも角にも、集まった人たちに関する情報収集ですよ。

〝depends on〟っていうのは要するに、「今・ここ」の話だよね、ということです。「参加者を見ずに進めてはいけない」といった一般論は簡単だしもっともな話だけど、本当に見えない時だってあるもの。

「参加型のワークショップは短時間では無理」と言ったって、3時間のところをどうしても1時間でやらなければいけない時もあるでしょう。「じゃあやりません」ではないよね。与えられた状況の中で最善を尽くすこと。どうすればそれを出来るかが大事だと思います。結局のところ、僕らの仕事はライブだもの。そこでちゃんと言葉を発していかないとね。

——どう出来れば、いいんでしょうね?

川嶋　最近の僕は企画や講演の仕事が多いけど、でも年に数回、

Photo: Kyosuke Sakakura

清里で指導者養成のプログラムを担当しているんです。そのワークの中で、ある晩ナイトハイクに出かけました。参加者は二つのグループに分けられた。20年近いキャリアのある僕が連れてゆくグループと、もう一つは若い新人インタープリターのグループ。二手に分かれて、夜の山に入っていった。

僕は少しずつ話しながら、みんなを森の中へ連れていきました。「夜の森の生き物たちのかたまりの中に、静かに入っていきましょう」。森の奥に着いて、「それぞれ気に入った場所を見つけて、しばらく一人で過ごしてみましょう」と語りかけて。木にもたれかかってもいいし、辺りに座ったり、寝ころんでもいい。それぞれの時間を過ごして。

しばらくしたら、合図を送って集まります。そして「どんなことがありましたか?」と聞いてみる。それぞれが体験したことを、ボソボソと話して帰ってくる。ただそれだけの時間です。

——雰囲気が想像できます。素敵な時間。

川嶋　いや、でも僕はその晩うまく出来なかったんですよ。最後の話し合いの場で、参加した人たちからいろいろな言葉を引き出せなかった。みんな静かに、ただ黙ったままだったんです。施設に戻って、新米が連れていったグループの様子を聞いてみた。そっちは道に迷ったり、結構ドタバタしたみたいだけど、ついていった先輩スタッフが、「こいつ駄目だったけど、良かったんですよ（笑）」と言う。最後の集まりでは、参加者が自由にいきいきと語っていたと。

僕のほうでは、みんなが僕の言葉を待ってしまったんだよね。次はどんな素敵な言葉が聞けるだろうって。ただスラスラやればいいってもんじゃない。参加者が素直に感じて、感じている自分を出せる。そんな場をつくることが大事なんですよ。キャリアを重ねて、流暢な語りが出来るようになると、それがかえって邪魔になることもある。大切なのは話を聞かせるファシリテーターではなく、話を引き出すファシリテーターでしょう（笑）。

そんなことをあらためて思った。少なくともこの体験は、自分はまるで舞台の上のアクターのようだったんだな、と気づかせてくれたんです。

「無理矢理な進行」の話に戻れば、参加者が「無理を感じます」と途中で言えればそれでいいんです。コミュニケーションが成立していれば大丈夫で、変に怖れることはない。始まる時点で「何かあったら言ってね」と伝えて、本当に言ってもらえる関係をつくってゆけばいい。

でも、もし何も言ってもらえないとしたら、そこには最初からコミュニケーションがなかったということだよね。それは駄目だと思うよ。

コミュニケーションがとれる、とは？

「持続可能な社会をめざす教育」に関するミーティングの席で、

ある人が「自分で考える力がなによりも大切だと思う」と言い、みんなが頷いた。

これからの社会をどうしていけば良いかという答えが書かれている教科書はまだ存在しない。理論はあっても実際の社会で機能するとは限らないし、他所でうまくいったことが別の国や別の文化の中でうまくゆくとも限らない。川嶋さんの〝depends on（状況による）〟というスタンスは、本当にその通りだと思う。いつもその場で、自分がかかわっている生の現場で、流れやメンツの只中で感じ・考え、判断して行動してゆくしかない。

彼は「コミュニケーションがとれていれば大丈夫」と伝えてくれた。これは、ファシリテーターが一人だけで頑張らなくてもいいし、そういうもんじゃないんだよ、というメッセージとして自分に届いた。

付き合いは決して長くないが、僕には彼に対する信頼感がある。それは彼が語る言葉や態度の中に、自前の結論を固定的に持たず、いつも寸止めのところで留保しながら、揺れて、その場の最新の自分をもって人にかかわってゆく姿勢を感じているからだ。そのあり方はこちらを自由にしてくれる。

ところで先のミーティングに、長く環境教育にかかわっている風の男性がいて、ある街で実施した教育プログラムがとてもうまくいったという報告を始めた。全ての参加者が最後には期待どおり、あるいはそれを超える素晴らしい結論に至り、互いに発表し合って幕を閉じた。とても満足している。これからも各地で続けてゆきたいと語っていた。

僕は少し違和感を覚えて、「もし参加者の中に本人が自分で考えた結果、あなたが期待しないような結論、たとえば『僕は将来のために今の楽しみを我慢するのは嫌です』とか『社会が持続可能であることより大事なことが私にはあります』という意見に到った人がいたら、その時はどうしますか?」と訊ねてみた。

彼はキョトンとした顔をして、「その時は、『どうかしてるんじゃない？　もう一度考えてごらんよ』と言うね」と答えてくれたが、僕はそれ以上言葉を交わす気になれず、やり取りはそこで終わった。

自分が感じた違和感も、その後のやり取りのあきらめも、理由は「コミュニケーションがとれる気がしない」ことに由る。

場を開く以上、そこには主催者のなんらかの意図や期待がある。それが全くない「場」はあり得ないだろう。

けど、この期待の種類や質、あるいは持ち方によって、ファシリテーションはアジテーション（煽動）にもプレゼンテーションにもなる。そのバランス感覚の拠り所は、コミュニケーションを大切にする意志が具体的にあるかどうか。つまり、「こと次第では、自分はこれまで立っていた位置から動くことや変わってしまうことも厭わない」という姿勢がファシリテーターにあるかどうかによると思う。

そしてやはり、集まった人々がどんな存在として見えているか？にかかってくるのだろう。〝足りない〟存在として見えていれば、与えたり付け加える方向へおのずと動くだろうし、〝迷っている〟存在として見えていれば、道筋を示すほうへ動くことになるだろうから。

関口怜子さんに子どもと過ごすことについてきく

【2002年夏・仙台】

私は私で自分の世界を広げているのが大事

「ビーアイ（Be I）」は仙台市の青葉区にある。一見絵画教室のようだけど、子どもたちと一緒に料理もつくるし音楽もやるみたいで、○○教室といった言葉で括ることが出来ない。

代表は関口怜子さん。僕は彼女のことを、絵本やチルドレンズ・ミュージアムの世界の水先案内人である目黒実さんの本を通じて知った。

関口さんは、子どもたち一人ひとりが「自分は何が好きか」「何をしていると楽しいのか」を見つけ、めいめいの表現力を育む空間として、ビーアイを開いている。

たとえば集まってきた子どもたちに、「来週はご飯を一緒につくろうか？」と投げかける。反応がいいと「じゃあ何つくる？」と返す。いろいろな食べ物のアイデアが出て、子どもた

『チルドレンズ・ミュージアムをつくろう』（目黒実著、1996年、ブロンズ新社）

ちの声が「ハンバーグ！」にまとまっても、「ハンバーグね。えっと、何がいるんだっけ？」という感じで、スタッフはつくり方を教えようとしない。むしろリードの手綱を少しずつ放してゆく。

そして子どもたちのほうから、「お肉が必要なんじゃないか」「肉ならなんでもいいわけじゃなくて、こういうお肉なんじゃない？」「それって買えるの？　つくるの？」「うちのお母さん、卵を入れてなかったかな？」…などなどの言葉が出て、彼らは自分なりにハンバーグに立ち向かい始め、スタッフはその手伝いをしながら一緒にいる。それだけ。

お題がなんであれ、子どもたちとのかかわり方はおおよそそんな感じなのだと聞いた。

関口　ファシリテーターは、何も知らないような人でもいいと私は思うの。どう導いてゆこうとか、持っていこうとか、そういう落としどころを知っていたら「教えちゃう」でしょ。一緒

関口怜子
１９４６年、宮城県登米市生まれ。Be Ｉ（ビーアイ・自分であれの創造表現空間）代表。通称・ぞうかば子。「子どもとどういるか」「この街に暮らすポテンシャルをどう上げるか」がテーマ。毎日、子どもに遊ばれている。宮城県立美術館、三重県立美術館、篠山チルドレンズ・ミュージアム、仙台メディアテークなど、ビーアイ以外の場でも数多くのワークショップを実践している。

になって、感応上手がいいね。

――「教えなくていい」と思っている？

関口　教えなくっていい。学ぶ主体はあっちだし。私のテーマは「子どもとどういるか」です。後出しジャンケンで、しかも負けちゃうような、そんなあり方が子どもといる時は大事なんです。気持ちよくちゃんと負けるには、相手をよく見ていなければならない。それは決して簡単なことじゃないけどね。

――その視座に、どんなふうに至ったんでしょう？

関口　今から28年ほど前に、「これまでの教え方でいいのかな」って考え込んだ時期があったんです。
主人を亡くしてから子どもたちの絵画教室を始めて。でも従来の教室だと教えちゃうわけ。そうじゃなくて、子どもたちが自分の中から、何を描くか、どう描くかといったことを取り出してくる。その支援をするほうが大事なことだし、自分の性分にも合っているなあって、やりながら気づいたの。

私は若い頃、菅原文太さんのお父様の狭間二郎先生が、仙台で開いていらした絵画教室に通っていたんです。そこは自分にとってとてもいい場所でした。手取り足取り教えてくれるわけではないんだけど、そこで描いているのが心地良かったの。ある時期に、ほだ木と、そこから生えている椎茸の絵を描いていたんだけど、教室の一角に百合の花も活けてあってね。「キレイだなあ」って思っているうちに、描いていた椎茸の上に、咲いていた百合の花を描き足し始めてしまったの。そんなものあるわけないんだけど、なんか嬉しくなってしまって。

そうしたら絵を覗いた先生が手を叩いて喜んでくださって。「ああ、こういうこともありなんだな…」って思った。

でも、今よその絵画教室に行くと、子どもたちがまるで頼まれ仕事のように絵を描いている姿が見えて、ああいうのは違う

狭間二郎
1903〜1983年。洋画家。独立美術協会会員。仙台を中心に洋画の発展に寄与。俳優・菅原文太の実父。本名・菅原芳助。

なあって思うのね。椎茸に百合を生やしたように、私は昔から「I am OK!」って感じで生きてきた。その私が他の人に提供できることは、やはり一人ひとりがそんなふうに、自分を感じながら自分を出せるようになる。自分になること。その手伝いをしたいと思ったんです。

昔のお母さんたちにしても学校で料理のすべてを習ったわけではなくて、お母さんにくっついて一緒にやっているうちに大事な部分を体得して、ものにしてきたわけで。教えることよりも、どう共感するか、エールを送ったか、どんなフォローのやり取りをしたか。どう肯定されたか…。どう一緒にいるか、ということが大事だと思うの。

――絵画教室の頃から、ファシリテーターという存在に関心がありました？

関口 いいえ。ファシリテーションなんて言葉は、まだ知らなかった。
その頃パリのポンピドー・センターの子供のアトリエの活動を知ってね。内容を聞いて、なんだフランスにはそういうことをちゃんとやっている場所があるじゃない。そういう考え方や手法が体系立ってあるんだなあって思って。そんなこんなで、聴講生として宮城教育大学に通い始めたんです。
そのうち、そういう場のことをアメリカではワークショップと呼んでいて、ファシリテーターという役割がどうも重要らしいとか、そんな話を耳にしていった。同時代性を感じたというか、自分は間違っていなかったんだなあって思いました。

——学びの主体は、確かに学ぶ本人ですよね。教える側の関与が強すぎるとバランスが悪い気がします。でも教育を受ける側には、「上達したい」とか何かを「身につけたい」「ものにしたい」という願いもあると思う。そこはさすがに、ただ本人の中から出てくるものを待つだけでは駄目なのでは？

ポンピドー・センター
パリ４区にある総合文化施設。国立近代美術館、公共情報図書館、映画館、劇場、音楽研究所などを統合した、芸術と文化の複合施設。小さな子がアートに親しむための活動拠点「子供のアトリエ」もある。

関口　プログラムづくりには責任がありますよね。子どもたちは「ビーアイは自由だ」ってよく言うけど、決して自由じゃないですよ。「何をしようか」というテーマは、こちらからしっかり提示しています。

でも、どう考えてどうするかは、その子のものです。テーマを、具体的に示しつつ、「あなたはどうしたいの？」ということを、手を替え品を替えながら何度も問い直していく。それを子どもたちがどうするかは360度まったく自由。嫌だったり変だと感じたらいつでも塗りかえてOKよ、とエールを送ったり、時にはチャチャを入れたり。そんな感じかな、私のしていることって。

拓くのも磨くのも、その人そのもの。限られた時間、区切られた空間でも、その中で自由に自分を出してゆける空気づくりとプログラムづくりが、ファシリテーターの大事な仕事ですよね。私の仕事は、子どもたちが自分の世界を開いて広げていく、そのお手伝いだと思っています。

そして一緒にいながら、私は私で自分の世界を広げている。
ここが大事だと思うの。

野村誠さんに一緒に遊び・つくることについてきく

【2004年秋・東京】

出発点からは見えないところへ

野村さんは音楽家。イギリスに留学し、20代後半に帰国した。日本に戻って間もない頃、お金がなかった彼はイギリスでそうしていたように、鍵盤ハーモニカの路上演奏で日銭を稼いでいたという。一連の出来事がつづられた『路上日記』は、ある年の僕のブックオブザイヤーだ。「こんなに痛快な人がいたんだ！」と、たまらない気持ちになった。

その後、野村さんが参加者とその場で作曲したり、一緒に演奏するワークショップを開いていることを知り、ある日出かけてみた。

会場にはたくさんの親子が集まっていた。その子どもたちが舞台に這い上がって、スタートの合図も特にないまま、惹かれる楽器に近づいて無造作に鳴らし始めて。ステージはそんなふ

『路上日記』（野村誠著、1999年、ペヨトル工房）

うに始まるともなく始まった。

それは気球が空に昇ってゆく時の感じに似ていた。空気が温かくなってどんどん浮力が増して。「あ」と思った瞬間からは、もう後戻りしない。半ばコントロール不能な状態であれよあれよと地面を離れてゆく、あの感じに似ていた。みんなで楽器を鳴らして踊って。野村さんは時折ふいにピアノに飛びついて遠慮なく弾き始める。しかもその唐突な演奏に、子どもたちに聴かせる感じや歌わせる感じはない。舞台の上で一緒にはじけている子どもたちに、「何かをさせよう」とする意図があまり感じられない。

それでいて場は決して無秩序でなく、強い流れがあって、とても心地良かった。あの自然な展開はなんだろう？ あの中で、野村さんはいったい何をしているのかな？

話を聞いてみたいと思ったのは会場を出た後のことで、彼と子どもたちの音楽が鳴っている間、僕はその展開にただ夢中だった。

——野村さんにとって「ワークショップ」とは何か？というところから、おうかがいしてみたいです。

野村　うーん。ワークショップという言葉は、自分からは積極的に使っていないんです。ミュージアムや美術館がイベントを開催する時には「野村誠ワークショップ」となるわけだけど。ワーク（仕事）の反対語はプレイ（遊び）ですよね。音楽の世界だと、作品はワーク、演奏はプレイと呼ばれます。二つの側面が共存している。僕はワークショップという言葉の「ワーク」という部分には少し違和感があるので、ということは「プレイショップ」なのかな…。

——じゃあ、ワークショップとコンサートはどう違いますか？

野村　えっとそれは…。「その時に初めてつくっているもの」がワークショップです。むろんコンサートでも即興でやる部分もあるし、ピアノを弾くにしても、その場でつくっていることには変わりないので明確な線引きは難しい。ただその時に初めてつくるのと、既につくったものをプレゼンテーションするのは、やはり随分違いますよね。

たとえば、ある老人ホームでつづいてるプロジェクトがあるんです。本当に何年間も、長い時間をかけてやっていて、すごく緩やかな進行でその場でつくっている。どれもそんなふうに出来ればいいんだけど、たとえば90分という時間で何かをつくり出そうとなれば、「今日はこういう方針で」と枠組みを決めて進めることもある。どれぐらいの人数と、どれぐらいの時間をかけてかかわるかで、変わりますよね。

老人ホームでは、そこで暮らしている老人たちと5年以上かけて、ずっと一つの曲をつくっているんですよ。はじめの頃は2週間に一度、今は1ヶ月に一度のペースでかかわっていて、もう100回ぐらい行ってるんじゃないかな。横浜の「さくら苑」という老人ホームです。

野村誠
1968年、名古屋市生まれ。京都大学在学中にSONY NEW ARTISTS AUDITION 91でグランプリを獲得し、CDデビュー。子どもと創作することに関心が動き、British Councilの招聘でイギリスのヨークに滞在（94〜95年）。帰国後は、ガムラン作品「踊れ！　ベートーヴェン」などの作曲や、老人ホームでの共同作曲など、コンサートホール以外での音楽活動にも積極的。鍵盤ハーモニカ五重奏「P-ブロッ」主宰。

曲をつくっている間に世代が入れ替わってゆくんです。お亡くなりになってゆくので。最初からかかわっている人もいるけど、途中から入ってきた人には知られざるパートもあって、なんかこう伝統芸能が伝承されてゆくプロセスを垣間見ているような感じで。

――5年は長いですね。

野村 こんなはずではなかった。数回やって、完成して終わると思っていたんだけど、やればやるほど完成しない。なんといってもお年寄りの方々に、曲を完成させたいという動機がまったくない（笑）。

作曲行為そのものが楽しいのであって、曲を完成させて発表会を開くのはむしろ苦痛が多いというか。憶えるのは苦手だし披露するには努力がいる。まとめなくても良くてただつくるだけというのは、快感なんでしょうね。

著書に『路上日記』、共著に『老人ホームに音楽がひびく――作曲家になったお年寄り』（晶文社）、『即興演奏ってどうやるの――CDで聴く！音楽療法のセッション・レシピ集』（あおぞら音楽社）。
Photo: Katsuhiro Oku

――そんな営みに付き合っている野村さんのモチベーションは？

野村　こりゃいったいどうなってゆくんだろう、というのがつづけている理由です。いつか全員が入れ替わる。しかし、そこで暮らしている人たちのさまざまなことが織りなされているものが曲として出来上がっていて、それをお年寄りたちが歌いつづけているというこの事態が、この後いったいどうなってゆくのか。ここまで来ると、もう少し見届けたいと思ってるんです。

最初は仕事でした。アーツフォーラム・ジャパンのプロジェクトとして1999年の1～11月に実施された。お年寄りとアート制作を行うことで、何がどうなるかという実験ですね。11月には報告シンポジウムがあって、ひとまず一件落着しました。そこでプロジェクトは終わった。

けど、作曲は終わっていないので。僕も一参加者として、対価をいただく仕事ではなく、何の義務もないところでかかわっています。僕にとっても、まとまらなくていいという（笑）。

――お年寄りと一緒に…って、どうやるんですか？

野村　んー。「どうしましょうか？」と老人たちに声を掛けてですね。苑が持っているハンドベルとかタイコとか、そんなものを使ってやります。

――楽器の使い方から始めるわけではないんですね。

野村　はい。声で歌うことも出来ますし。あるものでやっているうちに、リズムパターンのようなものが出来てきて、メロディのようなものが出来て、歌詞がついて。3回目あたりでそこまでは出来ていましたね。

延々とつづけてゆくうちに、いろいろな要素を取り込みながら、それが膨れあがってゆくんです。曲の構造を決めたわけでもないのに、ジャズのソロ演奏みたく、自分の得意なことを得意なタイミングでやるようになったり。めいめいのかかわり方が出来てゆくんです。

たとえばある車椅子のお年寄りがいて。この人は演奏が高揚してくると、天井からぶらさがっているヒモを引いて苑のベルを鳴らすんです。曲が盛り上がりを見せ始めると、ジリジリジリとヒモのほうに向かって（素早く移動できない）、中腰で立ち上がってヒモを引こうとするんだけど一回では無理で、何回目かにガランガランとベルが鳴る。鳴らし終わると満足気な顔で車椅子に深々と身を沈める。といった具合に、参加形式の定番化が進む。

曲の長さは不安定で、どの順番で歌わなければいけないというのもない。彼らの演奏は、その時思い出したところにワープするんですよねえ。

——そこで野村さんは、どんなふうに、何をしているんだろう。

野村　三味線を弾いてみたり、歌ってみたり。その場の気分でやってます。

——心がけていることはありますか?

野村　ぜんぜんない気がする。「どうしましょうかね?」という言葉を、よく言っている気がします。そんな時もあれば、気が乗ったら思いっきりピアノを弾いたりもします。お年寄りたちの支えとかそういうんじゃなくて、彼らの音を消さないようにといった配慮もまったく無しに、その時にいちばんいいと思う音量で弾く。三味線は弾けないので、初心者として練習しているように弾きます、…いや実際練習してるんですけど。

「どうしましょうかね?」という僕の態度が、どんな影響をお年寄りたちに与えているかということを考えてみると、「ほんとにこの人、頼りなさそうだな」「ワシラがなんとかしなけりゃな」というのはあるかと思います。狙っているわけではないけど。

また、僕がピアノとかガンガン弾いた時は、なにかこう皮膚感覚で伝わってるものがあるんだろうと思います。放っておくと僕に負けちゃうので、その後は彼らも対抗してきますよね。どれも感覚的にやっています。

ただ、たとえば参加者が学校の先生たちだと、頼りなさそうにしていると、中の誰かが代わりに仕切ろうとし始めるんですよね。

で、そのリードに任せてみると、すごくつまらなくまとまってゆく、というのを何度か体験したので、学校の先生を対象にやる時には頼りない感じを少なくするようにしています。あんなに仕切るのが好きで、かつコラボレートするのが苦手な人たちは他に見たことがない。仕切屋さんが何人も出てきてくれればまだいいんですけど、一人が仕切り始めたらその人に任せるというルールを持っているみたいで。もちろん全ての先生がそういうわけではありませんが、傾向は非常に強い。

——相互作用は起きにくそうですね。

野村　だから仕切るためにではないけど、その場の権力者は僕であるということをちゃんと示さないと、先生たちが参加者として対等な関係に入れない。それは面白くない。

——野村さんにとって、どういうのが面白くて、どういうのが面白くないんですか？

野村　可能性が広がるか、広がらないかです。何かを始める時に、出発点から到達できそうな場所がいくつか見えているとしますよね。

すでに見えている場所へ行くのは面白くないです。90分あれば誰でもそこに到達できる、と最初からわかっていたところにしか行けないのは、大変面白くない。出発点からまったく見えていないところへ行くのが面白い。

90分だと、あそこまでしか行けないように思える。でも抜け道がどこかにあるかもしれないわけで、それは進みながら見つけ出して、どんどん選択してゆくしかないわけです。そして最初はまったく見えてなかった場所に辿りつく。始める時にはいろんな場所に行ける可能性があるわけだから、それを広げてゆくほうが面白い、という意味です。

特に複数名で進んでゆく場合、ある人には見えないものが他の人には見えるかもしれない。誰かが抜け道を見つけるかもしれないし、他の人が持っていない知恵を働かせるかもしれない。せっかく自分以外の人たちと一緒に時間を過ごしているのに、そこに行かないのはもったいない。

――どうして子どもたちと音楽をつくる仕事に入っていったんでしょう?

野村 高校生の頃の僕は大きく二つありました。まず現代音楽にとても興味があって、作曲の方法を試したりしていた。あと、近所の子どもたちと遊ぶのが好きだったんです。

――子どもって？

野村　小学生。道ばたで会って、友だちになって遊ぶんです。水鉄砲とか盆踊りとか。その子の家に行ってゲームやって負けたり。

――高校がつまらなかったんですか。同年代の友だちは？

野村　小学校から高校にかけて、学校のみんながどんどんつまらなくなってゆく感じがしていたんですよ。勉強も型にはまってくるし遊びもクリエイティブではなくて、やはりだんだん型にはまっていく。みんながだんだんつまらない大人になってゆくような気がして、寂しかったですね。

でも小学生だと自分が好きなことについて、もう延々と話すわけです。たとえば恐竜の話とか。

現代音楽も、小学生と遊ぶことも、「新しい発見」という意味で自分にとっては同じことなんです。この二つをいつか結びつけられるんじゃないかなあと考えていたけど、どうすればいいか10代の終わり頃はまだわからなかった。大学生時代にオーディションで受賞してCDデビューして、高校生の頃から探ってきた楽曲のつくり方に自信が持てた頃にイギリスに留学して。そこで、子どもとの共同作曲を本格的に探りはじめたんです。

「子どもと一緒に音楽をつくる」と言うと、たいていの音楽家は新しい創作活動というより、チャリティ活動として理解します。教育分野の人たちだと「子どもにかかわるということは、この人は何か教えるものを持っているんだろう」という思い込みを抱く。そういう判断が向けられることに最初は戸惑ったけど、考えてみれば当たり前ですよね。

でも話した通り、自分にとって、子どもと一緒に音楽をつくることは「新しい発見」なんです。

ワークショップの主役は？

「ワークショップの主役は参加者です」とか「ファシリテーターは無色透明な存在であるべき」といった話をしたり顔で口にする人が時々いるが、本当にそうだろうか？

関口さんは「子どもとどういるか」が自分のテーマだと語ってくれた。野村さんは半ば遊び友達のように皆とかかわっている。そして場がより手応えのある面白い状態になるなら、自分の特殊能力も遠慮無く発揮する。彼らはファシリテーターが一人で引っ張るわけでも、参加者に預けきるわけでもなく、「一緒に」場をつくってゆくようなかかわり方をしている。

職業ファシリテーターとして静かに機能することに美学を感じている人もいるかもしれないが、働きの範囲の制限はつつしみを説いているようで、どこか防衛的な感じもする。

「参加者がファシリテーターを意識せずに動くようになれば、

うまく行っている証拠。『まだいたんですか？』とまで言われれば万々歳（笑）」と言う人もいた。膠着状態で話し合えずにいた会社の役員たちが、第三者が介在する場でようやくかかわり合えるようになり、ファシリテーターそっちのけで膝を詰めて話し始めた…なんてことは十分起こりうる。が、目的はコミュニケーションが成り立つことであって、ファシリテーターが無色透明になることではない。「べき」論としてそこが先立ってしまうと、手段と結果の逆転が生じて、むしろ不自然な場が生まれやすいと思う。

看護や介護の世界では関与者を守る意図から、人格的なかかわりの抑制が指示されることもある。しかし、正体不明なまま存在を明かさずにいると、場は空々しさを纏い始める。伊勢達郎さんも語っていた通り、ファシリテーターの存在が強い影響力を持っているとすればなおのことだ。

立場や役割は違えど同じグループの一員として、互いの在りかを明かしながらかかわり合ってゆくことが、場が健やかさを得るポイントだと思う。教えたり導くための空間でなく、めいめいが自分の「なにか」に取り組める場をつくりたいのなら、主役がどうのこうのといったヒエラルキーの入り込む余地は、そもそもハナから無いはずだ。

関口さんの「私は私で自分の世界を広げる」とか、野村さんの「気が乗ったら思いっきり弾いたりもします」といった言葉には含蓄があると思う。あり方はあり方に、存在は存在に呼応して姿を現わすので。

益田文和さんにデザインワークショップの話をきく

【2004年秋・東京】

計画段階で一人1万円ずつ集めて始めました

東京造形大学の益田文和さんは、サステナブル・デザイン分野における国内のリーダーの一人である。以前、授業を見学させてもらった。その日、益田さんのゼミの十数名の男女の学生は、家で洗濯してきたTシャツを数枚ずつ持って教室に集まっていた。

テーブルの上にそれらを並べて、着てみたいTシャツをめいめい物色する。新しいTシャツを選び、次のゼミの日まで他人のTシャツを着て過ごし、また洗濯して持ち寄ってくるということを授業の一環として行っていた。

「みんな『自分はこういうのが似合う』とか『こういうのが好きだ』とか、かなり固定的な自己イメージを持って生きています。でも好き嫌いも、あるいは価値観も、実はそれほど不変のものじゃあない。
『ありえない』と思うようなTシャツも、何日か着ていると好きになってきたり、似合ったりもするんですよ（笑）。『変えられない』なんて、たいてい思い込みに過ぎないんです。それを実感してみる経験として、Tシャツの交換をしているんですね」。
益田さんはこのTシャツ交換による価値転換に限らず、さまざまな授業を試しつつ学生とかかわってきた。また90年代後半からは、エコデザインをテーマにしたワークショップの開催に国内外でかかわっている。

――15年ほど前、京都で大きなワークショップを開催されたようですね。

益田　従来のインダストリアル・デザインの領域では、自分がデザインしたものがゴミになる時のことを考えてつくるような視点は、まったく抜け落ちていました。マスプロダクトだから、モノによっては何百トンもの鉄やプラスティックを使い、消費されてスクラップになる。

そんな状況に違和感を持ったヨーロッパのデザイナーたちとの繋がりが1989年頃から始まって、95年に京都の法然院で「天然デザイン」というワークショップを開催した。お寺を借り切って3日間、250人が集って。参加者はデザイン関係者のほか、学生や経営者、教育者、企業内の開発担当者など、さまざまです。ニューヨークで「グリーンマップ・プロジェクト」というムーブメントを起こしたウェンディー・ブラウアーも。京都では地図のアイコンをさらに開発しようという話になって、アイデアを出し合った。

――他にもいろいろなプログラムが？

益田　海外から来た人々を交えて俳句を詠むプログラムもやった。「天然デザイン」ではいろいろやりましたね。プログラム

天然デザイン
1995年に行われた、デザイナーによる国内初のエコデザイン会議。会場は京都・法然院。

グリーンマップ
環境に良いもの・悪いものを、地域の人と協力しながら、世界共通の「グローバルアイコン」と呼ばれる絵文字で地図に表すプロジェクト。世界50ヶ国・400以上の都市が参加。京都では、マークをつくる話し合いのプロセスに、何をもって環境を評価するかというめいめいの価値観が出たという。

は自由参加で、同時進行でいろいろと。「機械とはいかなるものか」というテーマで延々と語り合う場があったり。

――益田さんは、そこでどんな役回りを担っていたんですか？

益田　企画者であり主催者ですけど、みんなを刺激する人かな。ファシリテーターやコーディネーターと言ってもいいけれど、お膳立てをして、ヘタな手を打って失笑を買う。そんな役回りでした。

ヨーロッパの連中と開催する海外のワークショップは、もっとちゃんとしています。プログラム全体がデザインされていて、ロールプレイング的な要素もあって。会場にはベンチャー・キャピタリストも来ていて、いいアイデアがあればその場で契約したり。雰囲気づくりという要素もあるんだけど、みんなが力を出し切って参加するためのさまざまな工夫がある。

でも、僕が主催する場ではそんなことはしない。「天然デザイン」の時も、プログラムから離れてずっとお寺の庭を眺めて

益田文和
1949年、東京都生まれ。東京造形大学卒業。株式会社オープンハウス代表、東京造形大学デザイン学科教授。専攻はサステナブル・プロジェクト。フリーランス・デザイナーとして様々な工業製品を手がけた後、1991年にオープンハウス設立。1998年にエコデザイン研究所設立。商品の企画開発、調査研究、そしてエコデザインをテーマとしたワークショップを国内外で開催。編著に『戦略環境経営エコデザイン――ベスト

いる参加者がいたけど誰も彼女の時間の邪魔をしない。それでいいです。

――なぜ参加者がプログラムに参加しなくてもいいんですか？

益田　こちらに目標がないからですよ。けしかけるところはやるけど、その結果は皆が持ち帰るものだから。途中から別のワークショップが始まってもいいし、面白いことを言う人がいたら別セッションを立ててみたり。するとまた他のプログラムからも人が集まってきたりね。なんでもいいんです。アンコントローラブルで、お寺が不思議な雰囲気で満ちてくる。大まかな時間割は決まっていたけど、3日間の使い方は基本的に自由でした。

　そんな場が成立したのは、集まっていた人たちが、参加者でなくメンバーだったからです。「天然デザイン」というこのワークショップは、計画段階で一人1万円ずつ集めてスタート。実現できなかった時も返金はしないという約束で、うまく開催

プラクティス100』（ダイヤモンド社）、共著に『エコデザイン』（東京大学出版会）など。

に至ればそのまま参加費になる。250万円集めて、駄目だったらパー。そういう関係でつくり出された場だから、かかわり方が違うわけですよね。

ファシリテーターは場をともにする参加者が、ばらばらの「個人」から「グループ」になってゆくプロセスをつくる。

アイスブレイクと呼ばれるゲーム的なアクティビティを使う人もいれば、参加者が自ら発話する機会を、出来るだけ早い段階に設けることを心掛けている人もいる。

個人がメンバーになり、グループになり、さらに困難や葛藤を共有してゆくと、有機的なつながりを持つ「仲間」になってゆく。その仲間に、促進や支援といった言葉は相応しい感じがしない。鈍くさい表現になるが、自分の感覚では伴走や応援といった言葉のほうがむしろしっくりくる。

そしてもちろん、グループがそんな状態に至った頃には、
「参加者」という抽象的な存在はいない。

苅宿俊文さんに学校教育の話をきく【2003年秋・東京】

学ぶ「意味」をあつかう

苅宿俊文さんは20年近く小学校の特別支援学級やクラス担任、図画工作の専科の教師を務めた後、いくつかの教育機関を経て、現在は青山学院大学大学院・ヒューマンイノベーションコースの教授としてワークショップの研究に取り組んでいる。初めてお会いしたのは2003年。その頃は多摩美術大学でも教えられていて、学習環境にコンピュータを活用する方法の模索を重ねていた。

先の益田さんは、「持ち帰るものは人それぞれでいい」と話していた。そう言い切れる場であれば、ファシリテーターは主にプロセスに注目し、良い環境づくりに責任を持てばいいのだろう。

一方、川嶋さんは「環境教育の成果がオープンエンドで、た

苅宿俊文
1955年、東京都生まれ。

だそれぞれに委ねる形でいいのか?」という逡巡を語ってくれた。

ワークショップや学びの場において、ファシリテーターは何に責任を持てばいいのだろう? プロセス。成果。あるいはそれ以外に何か?

——学校のような学びの場におけるファシリテーションについて、思うところを聞かせてもらえますか。

苅宿　そうですね。「知識を持っているのは先生だけではない」という、考えてみれば当たり前のことを、多くの人が思うようになってきたと思います。

1から10の知識を順番に与えるのではなくて、先生役の人は三つ程度のトピックスを持っていればいい。それを触媒に、まわりの世界から意味を引き出してあげることが大事だなと思っています。学ぶ意味というか。意味さえ見出せれば、みな意欲

青山学院大学教授。創発的で協同性のある学習環境としてのワークショップ・デザインや、リアル・コミュニケーションツール等の研究開発に取り組んでいる。また、人材育成として「ワークショップ・デザイナーの育成プログラム」を手がけている。著書に『子どもたちの想像力を育む——アート教育の思想と実践』(共著、東京大学出版会)など多数。その他、コミュニケーション・デザイン分野において、グッドデザイン賞やキッズデザイン賞を受賞。

的に取り組めるんです。でも、うまい意味づけの技術を持っていない先生が多いんですよね。

今、日本の学力は、世界に誇れると言われています。高校進学率も九十数パーセントという世界的に高い数字を示している。しかしフタをあけてみれば、進学はしても中退してしまう学生の多さが目立つ。つまり勉強してそれが何になるのか、どんな意味を持っているのかという動機付けのデザインが欠けているんですよ。

——それは学校だけでなく会社でも、多くの組織に同じく見られる問題だと思います。しかし、意味は教師や他人が与えられるんだろうか。本人が自分で発見してこそ、物事に「意味」が生まれるのでは？

苅宿　確かに外から与えるものではありませんよね。意味はその人の中にあるんです。なので僕らは「掘り起こし」という言葉をよく使います。知的な好奇心をつくり出すこと。その支援が大事です。

あらたな貧富の差としての学力差が話題になることがありますが、結局のところは意欲の差なんですよ。それぞれの意欲差が、若い人々の間に新しい格差をつくり出しているように思います。

――支援のポイントは？

苅宿　まず人称性が大事だと思います。これは佐伯胖さんの理論ですが、「I」と「YOU」の関係があれば学習はほぼ必ず成立するんです。ただし、このYOUが「あなた」でなくTHEY「彼等」になった途端、コミュニケーションの流れについてこられない人が出てきて教室が崩壊する。

単純な話ですが、人を名前で呼ぶのはとても大事なことですよね。小学生くらいの人たちは、自分のことを知られていると思うか思わないかで、見せる顔もまるで違うものです。

『階層化日本と教育危機――不平等再生産から意欲格差社会へ』
（苅谷剛彦著、2001年、有信堂高文社）
親の学歴・職業・所得・教育への関心・文化レベルといった事項は相互に関連しており、これが社会階層を形成し、ひいては子どもの学習意欲や学力に強い影響を及ぼしているという指摘を実証的に行った。

佐伯胖
1939年生まれ。認知心理学者。東京大学名誉教授、青山学院大学教授。認知心理学の知見に基づいた「学び」の過程の分析を進めた。

学習の場づくりは、その準備段階からプロセスが始まっています。集まった子どもたちをただ自由に野放しにするのではなく、彼らが自分で「意味」を見つけ出すための学習環境づくりに注力する。

その最初の時点で、意味を掘り起こす。僕らが今、試しているのは、ほとんどマンツーマンに近いスタイルの学習環境づくりです。一人の先生がいて、その人が一斉学習を行うのではなく、複数の先生がいて、個々の学びのプロセスが個々に進むようなものです。

ところでこういう話をすると、「生徒の個性に応じた教育システムが大切だ」「人材を大量生産する従来の一斉学習システムは悪である」といった話に流れやすい。でも一斉学習がそれを完全に捨てるべきであると言うほど悪いものかというと、そんなこともないと僕は思うんですよ。下手な批判はするもんじゃない。あれだけ効率的な学習システムは、世界を見回しても他にないと思います。

余談になりますが、僕はテレビで小学校の教室の映像を見ると、後ろの黒板に貼ってある習字のお題で、何年生の何月頃かすぐにわかるんです。全国の学校を回っていると感じ入るのだけど、本当によくコントロールされている。コントロールと言うと聞こえが悪いけど、ある知識や理解力の基盤が揃っていることで可能になるコミュニケーションが、世の中には確実にあります。そうした地力を与える仕組みとして、日本の一斉学習システムは実にうまく機能していると思いますよ。

問題は、それしかないということ。結局のところは学校というシステムの問題なんです。具体的に言えば、教師が実態に合わせて教育方法を工夫できない。あるいはしない。たとえば過疎地の学校で、クラスの生徒数が三人しかいないのに、四十人教室と同じ教え方をそのままなさっている。これでいいの?と疑問を感じることがあります。

――その課題意識の根っこは?

苅宿　「自分らしさ」との出会い（＝アイデンティティの確立）が人としてなにより大切だ、という意識が、私のすべての仕事の出発点にあります。これは自分自身が高校には行かずに、自分が経験したことを基盤に積み重ねてきたものだと思う。
　ワークショップにもファシリテーションにも、特別なマニュアルがあるわけではなくて、結局はその人その人の「型」があるんだということに気づいてもらえるといいなあ。同じことを同じようにやっても、やる人が違えば結局、別のものになるんですよね。

「教育」と「学習」という二つの言葉が戦う様子を時々見かけてきた。前者は〝教える〟側に、後者は〝学ぶ〟側に軸足を置いて、それぞれの立場から相手の問題点を指す。ゆとり教育の弊害を指摘したり、頭でなく心を育まなければと謳ったり。

「教える」ことがまるで悪いことのように語られる時さえあるのだが、さまざまなファシリテーターの働きに触れてきて思うのは、どちらの方向性にせよ、「こういうかかわり方をしてはいけない」といった行動規範を持つより、ファシリテーターが本人の持ち味を殺さずに一致感の高いかかわり方さえしていれば、叱ろうが褒めようが、知識を注入しようが本人の体験に任せようが、あまり大きな問題ではないのではないかな？ということだ。

一過性のイベントとして開かれることの多いワークショップと異なり、関係が持続的な場、たとえば小学校のクラスにおける担任教師と生徒の関係を見ていると、特にそう思う。

子どもたち一人ひとりの「感じ」はクラスごとに違って、それは担任の先生が醸し出している「感じ」と、とてもよく重なることにある時気がついた。どことなく気だるくて周囲への関心レベルが芳しくない先生のクラスでは、訪問者である僕に差し向けられる子どもたちの目線やエネルギーの質感も同じく気だるい。逆に好奇心やものごとに対する興味・関心が強く、人の目を見ながら応答してくる先生のクラスでは、子どもたちが寄せてくる「感じ」も見事にそんなふうだった。

その意味では、やはり〝あり方〟がファシリテーターにとって最も重要な態度的技術なのだと思う。

苅宿さんは最後に「同じことを同じようにやっても、やる人が違えば結局、別のものになる」と伝えてくれた。この言葉を味わいつつ、もう一人、教育分野のファシリテーターの話を聴いてみたい。

【2004年秋・東京】

可能性をつぶさないこと

桜井・法貫グローバル教育研究所の桜井高志さんは、地球市民教育を中心とするワークショップや講座のファシリテーター。JICAや国際交流協会、NGO、教育委員会などで、開発教育や国際理解教育、地球市民教育のセミナーを企画・実施している。

以前、ベネッセが創業50周年記念事業として開催した「教育へのビジョン展」のワークショップ・プログラムの一つとして「世界がもし100人の村だったら」を実際に100人の参加者とやってみようというプログラムを企画して、ともに手がけたことがある。当日集まった約100名が動く場を機能させる彼のファシリテーションは実にお見事だった。

ファシリテーターの仕事の傍ら、2004〜2006年は東

地球市民教育
地球上の様々な課題を、他所の国のことでなく自分たちの課題として捉え・扱える人間を育てる教育。国際理解教育とも言われ、開発教育を軸に、多文化共生教育・人権教育・環境教育も包含する。

世界がもし100人の村だったら
社会を構成するさまざまな人や資源を、100という数字で単純化し、貧富の格差をわかりやすく表現した文章。2001年前後からインターネットを通じて世界的に広まり、日本でも書籍化された。

大大学院で教育論を研究。愉快な人柄だが、教育にかかわる姿勢からは厳しさと真剣味が伝わってくる。彼は何を大切にして、その仕事に取り組んでいるのだろう?

――桜井さんのお仕事は?

桜井　好きな順で言うと、「若者を対象にしたワークショップやファシリテーション」「大学での教員養成」「成人を対象とした社会教育」「教育委員会などでの教員対象の研修」、こんな感じです。最初の「若者」は、高校生から大学生、あるいは20代前半ぐらいまで。内容は社会参加・参画のためのエンパワーメント。小・中学生には国際理解をテーマに、地球市民を志向した授業をしています。

大人にも子どもにも、ものごとの見方や、コミュニケーション・スキル、合意形成の方法など社会参画のための土台づくりを手がけている。仕事の依頼は行政と、NGOや民間団体から

Photo: Toru Yokota

の依頼がそれぞれ半々。単発のプログラムは年に70～80回で、数日から数ヶ月の連続ものが3～4回あります。

――教育を志すようになったきっかけは？

桜井　もともとは小学校の教員になりたかったんです。小学生時代の恩師の影響ですね。子どもの頃の僕は、本当に勉強が出来なかった。そのことに全く気づかないほど出来なかったんだけど、先生は「君には君の良さがある」と接してくれた。序列化という考え方もまだあまりなくて、成績が悪くてもコンプレックスはなかったんです。

でも中2になると、高校受験にむけた進路指導が始まりますよね。その頃好きだった女の子がいたんですが、彼女は成績がいい。つまりこのままだと同じ高校に行けない！という事実が突きつけられたわけです。この社会では、成績のいい人や勉強が出来る人に道が開かれているということに、ようやく気付いた。

桜井高志
1963年、東京都生まれ。国際基督教大学卒業。ワークショップ・ファシリテーター。参加型学習コンサルタント。文化学園・文化外国語専門学校で文部省国費留学生、外国人教員人事、海外研修事業などの各担当勤務を経て、1995年より桜井・法貴（S&H）グローバル教育研究所を設立。専門分野は、地球市民教育、開発教育、教育社会学、多文化教育、異文化コミュニケーション。共著に『地球市民への入門講座――グローバ

ル教育の可能性』（三修社）、『楽しく学ぶ人権ハンドブック——アクティビティの進め方と進行役のテクニック』（子どもの人権埼玉ネット）など。

Photo: Toru Yokota

——高校には？

桜井　二人とも落ちました（笑）。仲が良かったものだから、彼女もだんだん成績が落ちてしまって…。で、まあ別々の高校へ通いながら、あらためて「学校って何だろう」「教育って何だろう」と考えた。また、子どもの頃に接する教師の影響力の大きさを考えるようになった。

僕の小学校にもいろんな先生がいました。子どもを信じて自由にまかせる先生もいれば、ある方向に導こうとする先生もいる。どういうのが良い教育なのかはまだわからないけど、教育という仕事に就いていきたい。また自分としては、その両方を大事にしたいと思ったんです。

今の社会で生きてゆくには、どちらか片方だけでは駄目だと思うんです。さまざまな種類の子どもがいて、彼らが出てゆく社会もいろいろ。学校は、多様な社会のあり方に対応できる力を育む場であるべきだと思いました。基礎的な学力やその応用力。言われたことを守れるとか、人に迷惑をかけないといった社会性も大事。一方、そういうこと以外の部分を学校で伸ばして社会へ出てゆく子どももいる。感覚的なものや対人能力、コミュニケーション能力、創造性であるとか。

いずれにしても、どちらか片方だけで芽を出す人はいない。バランスの度合いはともかく、両方がその人の力になると思うんです。

ただ子どもの頃、とくに中学生ぐらいまでは、そのどちらが本人の人生を主に支える資質になるかはまだわからない。得意なことや興味のどれが花開くかもわからない。

最近「個性化」というキーワードが盛んに語られますよね。先生も教育界も親も口にする。でも、どうかなと思うんですよ。ここで言われている「個性」は二種類あって未整理のまま使われていると思う。一つは、本当に特別な能力にかかわる個性。独創性と言ってもいいかもしれない。もう一つは平凡さを許容した上でのそれぞれの個性というか、取り柄とでもいうか。この二つはどちらも「個性」だけど種類が違う。でも、そこをまぜこぜにしたまま話が進んでいる。

――「それぞれの花を咲かせよう」という言葉は美しいけど、「花」にどんな意味や期待を込めるかによっても、ずいぶん異なりますね。

桜井　今、教育の現場で多く期待されているのは、特別な個性としての花。そちらを伸ばし、育む教育だと思います。親もそれを期待している。なにかといえば「個性が大事」「個性を伸ばせ」と言う。

当の子どもたちは苦しいんじゃないか。彼らの中にある他の可能性の芽が、逆にそこで摘まれてしまっているかもしれない。周囲の大人が気づいたある特殊な才能を伸ばしてゆく子ももちろんいるわけだけど、いろいろな可能性に目を向けて、いろいろな場面に対応できるように育てることがまずは大事だと思うんです。

特に中学生までは、可能性をつぶさないことが、教育において何よりも大事なことだと思います。

橋本久仁彦さんにプレイバックシアターの話をきく
【2004年秋・東京】

人がその尊厳を回復するには

教育にかかわるファシリテーターがつづき、それぞれ「何のためのファシリテーションか?」という部分を聞かせてくれた。その「何のため?」がもっとも開かれているというか、参加者自身に戻されているように見えるのが橋本久仁彦さんだ。彼のファシリテーションは、人がその人自身の人生を生きるという一点を指向していて、なにがしかのイデオロギーやあらかじめ想定された欠損(「現代の人間にはこういう点が足りない」など)の見立てがほとんど感じられない。

その橋本さんも以前は高校の先生だった。今は大阪の街中にシアター・ザ・フェンスという場を構えて、プレイバックシアターやカウンセリングの講師を務めている。3年前から年に一度、国内で募ったメンバー約十名とカンボジアへ行き、小学校

イデオロギー
政治・社会思想についての、観念や思想傾向。

プレイバックシアター
即興で演劇をつくり出すワークショップ。詳しくは後述。

などの施設を回りながら言葉の通じない人々との交流を重ねる、旅の形をしたワークショップも開催している。

高校の教員時代の彼は「教えない授業」という授業をしていたらしい。社会の先生だったが、教科書は開かずに、学生一人ひとりが調べたいことや追求したいことを自分で選び、授業時間をそれにあてる授業を行っていた。淀川のブラックバスを全部釣ろうというグループやバイクを改造するグループなど、生徒が設定したテーマはさまざまで、授業が始まるとグループごとに分かれてそれぞれ作業を進め、追ってレポートを提出する。

彼はこの授業を約8年間つづけた。むろん職員室の風当たりは強く、他の先生たちから激しい反発があったが、その授業を通じて生徒と交わした生の体験は、橋本さんにとって大きな財産だと言う。

この話を放任主義のようなニュアンスで受け取る人がいるかもしれない。でも、ただの放任ならクラスは荒れると思う。彼がいた高校はいわゆる底辺校で、3年生になるまでに多くの生徒が中退していた。が、その授業を行っていたクラスからは一名の中退もなく全員が卒業していったそうで、それはささやかな達成感として橋本さんの中に残っているそうだ。

——今のお仕事は？

橋本 ワークショップをしたり大学で教えたり。個人のカウンセリングや、カウンセラーやファシリテーターのトレーニングも手がけています。

——プレイバックシアターについて、教えてください。

橋本 即興の演劇です。プレイバック（playback）という言葉のとおり、脚本は一切なしで、テラー（語り手）が口にした話を、眼の前で即興で演じるんです。

このワークショップでは参加者はテラーにもなれば、演じる側にもなります。個人的な出来事を何か一つ語る。そしてそれが、目の前で他人によって演じられる。この過程を通じて、テラーは自分の心や気持ちのあり様から少し距離をとって自己認識を深めることになる。また自分の「生きたい」というビジョンがエネルギーを得て、その実現が促進されます。

――「ロール・プレイング」とは違いますか？

橋本　違うと思いますね。プレイバックの特徴は、演ずるための情報量が極めて少なくて、そのぶんアクターの即興性や創造性が存分に発揮される点にあります。

また、とても治癒的な過程だけど、治療を目的にはしていない。テラーが語る物語の中心にある感情や存在に触れる表現を目指していて、ディテールの正確さにはそれほど囚われないんです。

そもそも僕がどんなふうにプレイバックシアターと出会ったか、話してみてもいいですか。オーストラリアで大きなプレイ

ロール・プレイング
ユングの弟子としても知られる精神学者のヤコブ・モレノが1923年に開発した、サイコドラマ（心理劇）から発展した技法。精神分析理論をグループセラピー（集団療法）に応用。

バックの会合があると友人に誘われて、冷やかし半分に行ってみたんです。僕は会場で誰彼かまわず抱きついていたから、ハグボーイってあだ名を付けられていたんだけど、ある分科会で「ハグボーイ、舞台に上がってアクティングしろよ（演じてみろよ）」って言われてね。まあ、右も左もわからないけどなんとかなるだろうと、他のアクターに混ざって舞台に上がってみたんです。

その時のテラーは、ヒゲっ面の大柄なメキシコ人。彼が自分の物語を語り始めました。けど、何を話しているんだかわからない。英語は得意じゃないし。でも「チャーチ」とか「ジーザス」といった単語がよく出てくるから、キリスト教に関する話なんだろうな、と思いながら聞いていました。

で、話が終わって、テラーの横のコンダクター（ファシリテーター に相当する存在）が「主役は誰にお願いしますか？」とそのメキシコ人にたずねたら、「ハグボーイ」って僕を指すんですよ。もう「えーっ！」って。どうせいっちゅうの。でもプレイバックでは舞台上のアクター同士は相談しない。そのまま即興で始めるんです。だからどうすることも出来ないまま、すぐに音楽が始まった。

――音楽も即興ですか?

橋本　ええ。ミュージシャンと呼ばれる役があって、さまざまな楽器を演奏してアクティングに参加します。

主役に選ばれてしまった。けど話がわからないので、他のアクターがどうするかを見て推測するしかないわけです。そしたらね、他のアクターたちが身体や椅子で教会をつくり始めた。

そのまわりを回って眺めてみました。アーチをくぐって中に入ってみたら、キリスト像が正面に立っている。それがググググーッと僕のほうに迫ってきた。どーすればいいんだろう!と思いながら、僕もそのまま一緒に後にバーンと倒れて。そのまま床に横たわってしまった。僕は「これでおしまいにしてくれー」って、祈る気持ちでした。

そのうちに音楽のリズムがだんだん上がってきてね。調子が

橋本久仁彦
1958年、大阪府生まれ。高校教師時代には「教えない授業」を実践。1990年より龍谷大学・学生相談室カウンセラーに。1996年より同大学カウンセリング課程講師を兼職。2001年に退職し、アメリカやインドを遊学。エネルギーの枯渇しない自発的で創造的なコミュニティに関心を持ち続けている。国際プレイバックシアター・ネットワーク(IPTN)プラクティショナー。口承即興舞踏劇を実践する「坐・フェン

ス」座長。「フェンスワークス」後見人。
Photo: Devadas (Masakazu Sanada)

いい感じになってきて、教会をやっていたアクターやキリスト像もみんな立ち上がって踊り始めた。僕も「そうか踊るんかー!」と立ち上がって踊ってね。リズムがもっともっと上がってきてダーッと盛り上がって。盛り上がりきったところでバッ!と止まってね。僕は思わず両手を上げて「バンザーイ!」って叫んでしまった。

そしたらそのメキシコ人が、大泣きしながら抱きついてきたんです。僕はなんだかわけのわからないままで、何がどう良かったんだろうって(笑)。後から他の人に聞いてみたら、彼の話は、初めてキリスト教に出会って宗教回心した時の出来事だったそうです。

――偶然というか…、よかったですね。

橋本 プレイバックでは、こうした偶然が非常によく起こります。このような深い意味のある偶然性には、芸術や演劇が本来持っていた重要な機能につながるものがある気がします。

いましたね。

――話の正確さやディテールより、即興性が大事だとおっしゃ

橋本　ええ。プレイバックのアクターは、どんなにうまくやろうとしても「俺はうまい」と自信を持ったり結果を誇ったり出来ない。そういう構造なんです。アクターの演技力より、演技から見えてくるその人の誠実さや一所懸命さのほうが要素として効く。

――治療が目的でない、ともお話しでした。ではプレイバックシアターの目的はなんですか？

橋本　創始者のジョナサン・フォックスは、「批判なく人の話に耳を傾けることが出来て、集団の中で自発的に行動し、心を大きく開くことが出来るようになることだ」と言っています。

こうした態度は、プレイバック・コミュニティの中ではごく

ジョナサン・フォックス
Jonathan Fox
プレイバックシアター創始者。モレノ研究所でサイコドラマの手法を学んだ後、仲間とプレイバックシアターカンパニーを組織。「古代の口承文化」と「即興性のある演劇」の結合を図る。

当たり前に実現します。オーストラリアの出来事では、「これが演劇のパワーなのか」と思いました。メキシコ人の話は彼の個人的な体験談ですが、〝普遍的なものとの出会いを通じて人生が転換する〟という元型的な構造を持っています。だから会場にいた他のみんなも、自分に引き寄せて感じ入っている。

ジョナサンは、以前ネパールの山村を旅した時に、演劇の源流というか、その根元的な力や役割に気づく機会があったそうです。そしてアメリカに戻ってから、近所のふつうの人々の話を聞いて、その場で即興演劇をすることを始めました。すると、場に参加者の深いエモーション（感情）が溢れ出てくる。その扱い方を学び足して、現在のプレイバックシアターに至っているんです。

――オーストラリアでの出来事の後、今日にいたる経緯は？

橋本　当時の僕は、大学で学生相手のカウンセラーをやっていました。その仕事に役立つ要素があると思えたので、時々プレ

イバックのトレーニング・プログラムに参加するようになった。
そんなある日、ニューヨークから来ていたジョナサンが、「日本での指導者が欲しい。それをクニちゃん（橋本さん）にやってほしい」と話しかけてきたんです。

僕は大学の前は高校教師で、「教えない授業」というのを10年ほどやっていました。教科書は開かない。生徒たちが自分でやりたいこと・突っ込んでみたいことを進めてゆく授業です。校内での風当たりは大変だったけど、僕にはそれ以外になんとも出来なかった。そしてその後の10年間は、大学でカウンセラーをやっていた。じゃあ次の10年はどうしよう。そんな思いとジョナサンの誘いがちょうど重なって、いろいろ考えました。

その頃、多くの大学の現場に臨床心理士の資格を持っているカウンセラーが入りはじめていた。僕がいた大学にも資格を持った人たちが入ってきました。その人たちとどうもウマが合わなくてねー。だんだん職場に居づらくなっていたんです。やっていることもやり方もまるで違うし、納得できないんですね。

臨床心理士
１９８８年に始まった、文部科学省認可の協会が認定する民間資格。１９９５年度以降、スクールカウンセラー事業における心理職専門家として、各都道府県の公立の小学校・中学校・高等学校等への配置が進んだ。

Photo: Tariho Nishimura

――どんな点が？

橋本　いちばん大きかったのは、人をどう見るかということかな。

たとえば、ある女の子がカウンセリングに来る。僕はその子の話を聴いて、一緒に考えたり感じて。その子の話についていったら「うん。やっぱり私は大学をやめる！」とか「旅に出る！」とか、本人がそんな結論に至ったとしますね。

でも僕が大雑把に見るところでは、大学の臨床心理士の多くは、学生が大学の授業にちゃんと出られるように、あるいは職員である彼らが学生のために良いと信じるところへ戻そうとする。落としどころや方向性が決まっていて、そっちに調整する。つまり学生の話に耳を傾けて気持ちを聴いているようで、心の底では大学側の要請に応えようと動いているわけです。学生自身にとっても未知でエネルギーに溢れている、「本来の自分が生きるべき物語」に向かってともに歩むのではなくて。

職場のある心理士の先輩が、「時代の流れには従わなければなあ…」と呟いていたのが印象に残っています。

——橋本さんは臨床心理士の資格をお持ちではなかった。

橋本　ええ、僕は資格を持っていません。僕は大学で出会った恩師からカウンセリングを学び、カール・ロジャースの考え方に深く傾倒しました。彼も資格制度は要らないと言っていた。その辺にいるおばさんのほうが、カウンセラーより人の話をよく聴けることは往々にしてあると。なぜなら、話を〝聴く〟ことを通じて相手が成長するというのは、資格や技術の問題ではなく、態度や生き方、存在の仕方の問題だからです。

ロジャースは「共感」「無条件の信頼」「自己一致」の三つが揃っている相手の前では、人はその人自身の力でおのずと成長すると言っています。彼はそこが革命的だった。「治療しよう」なんていう接し方では、人はその尊厳を回復しない。

カール・ロジャース
Carl Ransom Rogers
1902〜1987年。アメリカの臨床心理学者。来談者中心療法（Client-Centered Therapy）を創始し、現在のカウンセリングのベーシックである「傾聴」というかかわり方を明確にした。

©Michael Rougier/gettyimages

そのためにはカウンセラーやファシリテーター自身が、自分の存在の仕方に意識的でなければならない。彼の有名な言葉に「the way to do is to be」というのがあります。相手の前で自分がどういられるか。そこが問われるわけです。本当にその相手のプロセスを信頼し、その人の枠組みで共に感じようとすることが出来るかどうか。同時に自分自身を失ってはいけない。自己一致を損なわずに、その人とともにあること。そしてより新鮮な生き方や人生に向かって、冒険に乗り出すこと。

存在に触れずにファシリテートして、人が本当に出遭ったり、再統合されたり、成長するわけはないです。

僕（西村）が初めて明示的にファシリテーションの技法を学んだ機会として憶えているのは、2泊3日のネイチャーゲーム・初級指導者養成講座だった。

たとえば十数名のグループの前にいて参加者から質問が出た

時、答える前に、その問いをみんなによく聞こえるように復唱しなさいと教わったのを時々思い出す。ファシリテーターには聞こえていても後ろのほうの人には聞こえていないことがある。復唱することで、みんなで問いを共有しながら進めることが出来るんですよという話で、「なるほど」と納得して心掛けていたら、すっかり身に付いてしまった。「その日の〝ねらい〟を必ず冒頭で明確にする」とか、「確実に共有したいポイントは口頭だけで済ませず、白板に書くなどして文字でも明示する」といった押さえどころもまた別の機会に学び、それぞれ自分のファシリテーションの大切な一部分になっている。

それらはどれも〝場〟を維持する技法だ。何をしているのかよくわからないとか、散漫で意味を感じにくいような状況を生まない。場やプロセスを失速させないための大切なポイント。

橋本さんが持っている「自己一致を損なわずに存在する」という押さえは、その最も基本的な部分にあたると思う。以前、働き方研究の中でお会いしたドラフトの宮田識さんがインタビューの中で、ふと「僕は一人の前でも、百人の前でも、同じよ

宮田識
1948年生まれ。デザイン会社ドラフトを率いる、クリエイティブ・ディレクター。『自分の仕事をつくる』（晶文社／ちくま文庫）にインタビューを掲載させていただいた。

うに話せる人間でいたいんです」と呟いていたのが忘れられなくて、この十数年、ときどき思い出しては反芻していた。

この「一致」の話は、つづく中野民夫さんの話の中にも登場する。

中野民夫さんはそこで何をしているのか？
【2008年夏・東京】
場をホールドする責任はあると思います

ワークショップやファシリテーションに興味を持つようになって間もない頃、岩波新書から『ワークショップ』という本が出版された。その著者が中野さんだ。

書かれていた情報を手がかりに、彼が中心となって企画・開催していた、通年型のワークショップ・プログラムに参加してみた。海や山などの自然、そして身体や心など、さまざまな自然をテーマに持つ専門家をゲスト・ファシリテーターにむかえ、それぞれのワークショップを中野さんが年間数回のプログラムとして編集したもの。

本人もファシリテーターであるというこの人が、どんなふうにワークショップの現場にいて、何をしているのだろう？という部分に大きな関心があった。

『ワークショップ——新しい学びと創造の場』（中野民夫著、2001年、岩波新書）

最初に参加したのは、松本恵さんというフリーダイビングのインストラクターをゲストに招いた西伊豆の海での2日間だった。小さな入江まで歩いてゆける民宿に泊まりながら、美しい海に潜り、懐中電灯を片手に夜の海にも入って。灯りを消すと夜光虫に囲まれていたり。空を見上げて寝たままの姿勢でずっと波に揺られたり。いい時間。

さて。気になる中野さんは何をしているかというと、参加者と一緒に潜ったり、寝転んだりしている。「ではこれから順番に潜って行きましょうか」と、みんなに松本さんが海の上で語りかけている時、マスクをつけて海底を見おろしてみると、さっさと一人先に潜って気持ちよさそうに泳いでいる。

意図的にそうしているというより、ただ本人が楽しんでいるようにも見えた。「ファシリテーターっていったい…？」と疑問符を幾つか浮かべつつ、その1年間は終わった。

その2年後、縁あって中野さんと仕事をご一緒することになる。2002年から計3回開催された「全国教育系ワークショップフォーラム」というイベントの、彼が総合監修で僕は実行委員長。起案は後出の西田真哉さん。

「伊豆の海で中野さんの姿を見ながら、ファシリテーターって何？と思っていました」と打ち明けると、恥ずかしそうに笑いながら、こんな話を返してくれた。

「すみませんね、すっかり楽しんじゃって（笑）。でもファシリテーターは先生や指導者じゃないんだよね。

みんなが安心して学び合える場をつくることには、気を配っています。僕は特定の分野の専門家ではないけれど、複数の人が集まって何かを一緒に体験したり、学びあったり、創っていく〝場〟をつくるのが好きで。先生というより、そそのかし役のような性格なんだと思う。

勤めている広告代理店を3年ほど休職して、アメリカの西海岸に留学したことがあるんです。カリフォルニア統合学大学院（CIIS）の組織開発・変革学科で、グループ育成のためのファシリテーションを学んだ。向こうで参加したあるワークシ

全国教育系ワークショップフォーラム
2002〜2004年。街づくりや、アート、環境教育、異文化理解、セラピーなど、異なる分野のファシリテーター約十名を各年毎のゲストに招き、未体験のワークショップに参加しながら「ワークショップ」をみる目を養うフォーラム。国立赤城青年の家で実施。全国各地から延べ約五百名が参加。

ヨップで『人生の中で自分が最も充実していた時』を思い出すワークがあったんだけど、その時に浮かんできたのは、むかし友人たちと出かけた山登りのことで。初心者の彼らを連れて北アルプスに登って、すごい苦労しながらやっとの思いで稜線に上がった時。そこに広がっていた風景に、みんな大感激してくれて。僕もすごく嬉しくて。その時の満足感を思い出したんだよね。

そして、『自分は、縁あって知った世界を人に紹介して、喜んでもらうのが好きなんだなあ』という自己認識を深めました。ちょっとおせっかいかもしれないけど（笑）。そんな性分が、いろいろなワークショップの企画やファシリテーターを続けている根っこにあるんだと思う」。

中野さんのファシリテーションを現場で眺めていると、参加者同士の小グループの話し合いの輪にどんどん入ってゆくし、一緒に楽しみたい気持ちを抑えない。というか、抑えきれないようにも見える。

中野民夫
1957年、東京都生まれ。東京大学卒業。ワークショップ企画プロデューサー。広告代理店に就職して7年目の頃3年間、カリフォルニア統合学大学院（CIIS）へ留学。組織開発・変革やファシリテーション、ディープエコロジーなどを学び帰国。人材開発や企業の社会貢献、NPO／NGOをつなぐ仕事、環境や人にかかわる市民活動、および教育に従事。愛地球博（2005年）「地球市民村」の企画・プロデュースを手がけ

た。著書に『ワークショップ』の他、『ファシリテーション革命』（岩波アクティブ新書）など多数。
Photo: Kyosuke Sakakura

でも、だとしたら彼は自分の満足のためにワークショップを開いているんだろうか。ひどい言い方をすると、自分の欲求を満たすために他人の時間やエネルギーを使っているのか？ でも彼がファシリテートする場に参加して、他人の自意識や自己愛や自己満足にエネルギーを吸い取られるような、力が失われる感覚を味わったことは、僕はない。

初めて出会ってから7年後の2008年、「ワークショップとは何か？」という小さな場を企画して中野さんをお招きし、二十数名の参加者とともに、ファシリテーターとしての彼の考えや気持ちをうかがう機会を得た。

――最近はどんなワークショップを？

中野 昨日は、会社の中で有志のプロジェクトのためのワークショップを。先週は聖心女子大で、「ワークショップ入門」という3日間の集中講座をやっていました。

――そこではどんなことを？

中野　最初はやっぱり想いを共有するところから。自覚している部分と出来てない部分があるだろうけど、「なぜここに来たのか？」という辺りから、分かち合ったり探り合い始めて、次第に「ここで何を実現したいのか」へ向かう。

これは、ジョアンナ・メイシーから引き継いだものの一つですね。

――聖心の場合は、個人が想いを抱えて参加してくるワークショップとは、また少し違いますね。

中野　うん、授業だからね。「わたしと他者・自然・自分自身をつなぎ直す」というテーマで、体験的にワークショップを紹介しました。

ジョアンナ・メイシー
Joanna Macy
1929年生まれ。仏教学者、心理学者にしてディープエコロジーを掘り下げた社会活動家（アクティビスト）の一人。著書に『世界は恋人 世界はわたし』（筑摩書房／原書は1991年）など。

初日はペア・インタビューを導入にして、他の人とつながるということを丁寧に。2日目は大学の中にある日本家屋を借りて、雨戸をぜんぶ開け放って。蟬の声がすごい中で、呼吸を意識したり、裸足で土の上を歩いたり、黙ってご飯を食べてみたり。3日目は小さなファシリテーション体験に全員がチャレンジする。

こっちからは教えたり、あまり余計なこと言わないようにしました。でも後でレポートを読むと、みんないろんなことを感じたり考えたり発見していて、面白い。

――同じ授業を、10年前の中野さんならどうやっていたと思いますか?

中野 いろいろ詰め込んだと思います。以前なら「プログラム・デザインと準備が大事」とか言っていろいろ構成を考えたものだけど、今はなんかあまり事前に出来なくてね。行ってその場で、って感じなんです。

大きな構造だけイメージしておいて、あとはその場で自然に何かやるのが最近は一番いい。聖心も2日目は「呼吸・食べる・歩く」という感じで、すごくシンプルになっている。

——シンプルだと、どういう良さがあるんでしょう?

中野　参加者が自分で感じたり、発見するスペースが出来ると思う。もし僕が「次はあれやらなきゃ、これやらなきゃ」って思っていたら、言動やそぶりも、せこせこしたプッシーなものになるんじゃないかな。それが、かなりなくなってきた。

今は、ファシリテーションの基本は「グループサイズ」と「問い」だと思っています。

——問いを立てて、みんなの声は出てきますか?　あるいはよく出ても、参加者同士の対立が生じてしまったり?

中野　いや対立の心配より、この頃は「いいことしか言わないつまらなさ」のほうが多かったりするんだよね。当たり障り無くうまく過ごそうとする人のほうが、対応困難な突出した人のことより僕の中では大きい。

率直に述べ合ってほしいわけです。その場で結論を出す必要もないのだから、自分の感じ方を大事に示し合うことで、互いにそこで発見することがあるんじゃないかと。でも学生同士ってすごい気遣いがあって。「うん、そうね」「わかるわかる」みたいなやり取りが多くて。

成功とか失敗とか、あまり思わない

――やり取りを交わしているようでいて、表層的に上滑りしている。そういう場は好ましくない？

中野 人によって時間がかかることもあるから、それはそれでオッケーだと思うんです。薄っぺらなやり取りで終わってしまってもね。…そうだな、そこはあんまりお節介できないし、したくない。

参加者　たとえば、「自分の本音に気づく」ことを目論んでワークショップに来た人がいて、それが達成されないまま終わってしまってもいいんですか？

中野　僕が踏み込まなくても、他の誰かがリスクをとって言い始めて、その人が場に引き出されることがあります。必要だったら誰かが何か行動を起こしてくれると思う。それはもう任せようって感じなんです。

参加者　場にはコミットするけど、一人ひとりの話の内容やあり方にはコミットしない？

中野　たとえばその人のやり取りが「薄っぺら」かどうかを、誰がどういう見地から判断するんだ？っていうのもあるわけです。それぞれに歴史あり人生ありなので、何がいいのかはそうそうわからない。

昔ね、気功法を学んでいて、弟子として講習会のアシスタントをしていたんですよ。ある立ち型があって、参加者の中に全然そうなっていない人がいた。そこで「そうじゃなくて」と言ってちょっと直したら、「僕はこれでいま味わっているんです」と返されて。「恐れ入りました！」みたいな（笑）。おこがましいと。人様が何かやっている時に、まわりの人間があれこれ言うなんてね。

気になる人がいたら、自分がかかわる前にまずまわりを見るね。「ほかの皆さんはどうですか」とか、ちょっと振ってみたり。自分が言ってしまうと、ファシリテーター対その人になってしまう。すると参加者同士の相互作用は起こりにくくなる。なるべくグループの中でそれが起こるように、必要があれば誰かが言ったり動けるようにそそのかすというか。

――そういう動き方は、もうだいぶ前から？

中野　どうだろう。以前は自分が先に言っていたかもしれない。

とっさに出来ているかどうかは自信がないところもあります（笑）。

大学の授業は半期にわたることもあって、若い人って、その間もどんどん変わってゆくんですよね。これまで自分がやっていたワークショップには1回完結のものが多かったから、「ここで何かを起こしたい」とか「感じてほしい」という気持ちが強かったけど、そんなに成果を求めないというか、もうちょっと長い目で見られるようになった。もちろんその日の発見や気づきはあったほうがいいんですけど、それぞれのペースというものがあるから。

参加者　ゴールに導くことには、コミットしないんですか？

中野　ワークショップの目的によると思います。たとえば「何かを作る・形にする」といった目的のものと、「学ぶ」とか「受け容れる」といった受容的なものとでは違いますよね。その日の始まりのところで、どう了解をとっているかです。仮に

「今日は三つの○○を文章化しよう」といった目的が共有されていたら、もうギチギチそこまでやる。

参加者　じゃあ「学ぶこと」が目的だったとして、「学べたかどうか」をどう測ります？

中野　いろんな方法がありますよね。最後のふりかえりもあるし、チェックアウトという形（一人ずつ発言し全員で聴き合う）もあるし、アンケートもあり得る。それらの前に「現場に向けて」というセッションを持って、学んだことをどう活かすかを交わし合ったり。

ただ、いずれにしても大事なのは〝急がない〟ことかな。体験的な学びは、そのときすぐ言葉に出来たり明確に捉えられなくても、後からなんらかの形で効いてくるんじゃないかと思う。終了後すぐに書いてもらうアンケートには大体いいことが書かれているじゃないですか。もちろん嬉しいし、ありがとうと思うけど、それで一喜一憂はしません。

参加者　以前はプログラム・デザインを大事にしていたけど、今はそれほどでもない。じゃあ、今は何を大事に？

中野　いや、プログラミングを大事にしないわけじゃないですよ。心と身体の状態を踏まえた組み立ては大切だと思っています。起承転結というものは確実にあるし、ペース配分もあるし、日常への橋渡しも大事。

ただ何よりも相互作用があること。お互いに何か刺激があり、学び合えることがとても大切だと思っています。参加型であれ体験型であれ、ファシリテーター側からただ一方的に提供するというのは、ちょっとね。

――どういう時に、「うまくいった」と思いますか？

中野　参加者の中に新しい気づきや発見があって、それをめいめいがうまく表現していて、相互作用があり、場がひらかれていて、高まったり熱くなったりしている時かな…。

ペアでインタビューしてね。相手に自分のことを聴いてもらいながら、語り合って、それをもとにグループで分かち合っている時とか。本当にシーンと…。なんか静謐で、かつ真摯なものが光っている。完璧だって思える時があるんです。…ちょっと上手く言えないな。

でも、そもそも成功したとか失敗したとか、あまり思わないんですよ。やれることがやれた納得感があるかどうか、かな。以前ある人が「中野さんの個人的なミッションは?」って聞いてくれて、そのときスッと出てきたのは、聖フランチェスコの祈りの、「神よ私を平和の道具としてお使いください」で始まる一節でした。「やれることはやりますから、使ってください」という感じで、あまり余計な思いを持たないようにしているところがずっとあって、今も、そこはそんなに外していない気がする。

聖フランチェスコ
1182〜1226年。フランシスコ修道会を創設したカトリック修道士。中世イタリアの最も著名な聖人の一人。

ぶれても、自分自身でいることはできる

――もう一歩踏み込んで訊いてみたいのですが、ファシリテーターは何に責任を持つべきだと思いますか?

中野　やっぱり「Who hold the space?」ということ。この場を誰がホールドしているのか、という責任があると思います。

――「ホールドされている場」と「されていない場」がある?

中野　あると思う。ファシリテーターは場を動かす力を持っています。「次はどういうことをしましょう」って、提案しやすい立場にいるしね。

上にいるわけではないけど、「みなさんと対等です」と言っても完全に同じではない。その場を預かっている大事な要《かなめ》としての責任は、すごくある。

Photo: Yuko Ichikawa

――要という言葉は、何をするかといった行動より、たとえば「ぐらぐらしない」とか「一貫性がある」といった、あり方のほうを連想させますね。

中野　そこ大事ですね。アメリカで僕にトーキング・スティックを教えてくれた先生はよく座禅を組んでいて。呼吸が深くてね。彼が座っていると、それだけで安心感があったんです。

彼の前だったら本音で話せる感じがしてね。黙ってそこにいるだけで、場が深まってゆくのを感じた。自分もそんなふうになれたらいいなとは思っています。呼吸は大事にしている。しっかり呼吸している人が同じ場にいるのは大事なことじゃないかな、と思いたい。

参加者　場をホールドするとは、具体的にはどういうことなんでしょう？

中野　最初のオリエンテーションはすごく大事だと思っていま

トーキング・スティック
ネイティブアメリカンの人々の話し合いの場づくりの技法。スティックを持つ人物だけが語り、他はその人の話に耳を傾ける。語り終えたら輪の中心にスティックを戻す。

す。あと終わり方ですね。

最初は「今日はどのあたりまで行こう」といった見通しのようなもの、到達点を大まかに言わないといけない。それは誘導ではなくて、ねらいや目的の確認です。そして「そこへどう行こうと思うか」という流れを共有する。

さらに自分の役割の確認。他にもスタッフがいれば、その人の位置づけも伝えて、「あの人はなぜここにいるの？」といった不安が生まれないようにする。そしてルールの共有。「楽しんでください」「よく聴きましょう」「でも無理はしないでください」「場を離れる時は必ず一声掛けてください」とかね。そういう確認や共有を通じて土俵が出来て、みんな安心して参加できるようになる。

要するに、誰かが疑問をかかえたまま進まないように。ぶれた人がいる状況が生まれないようにする。そんな積み重ねを通じて、場がホールドされるのだと思います。

参加者　行動レベルの話はわかりました。でも表には見えないところで、渦中のファシリテーター自身が何を見て、聴いて、どんな態度でワークショップに臨んでいるのかを知りたい。

中野　俺、そんなに観察力が優れているわけじゃないですよ。「興味があるものにしか反応しない」ってよくカミさんに言われるし（笑）。「場を読む」とかみんな言うけど、あまり自信ない。

むしろそうだな。たとえば参加者が奇数でペアワークで一人あいてしまったら、喜んでそこに入ります。なるべく入っちゃうんです。入って、場の雰囲気の一部を体験しながら掴む。「神は細部に宿る」じゃないけど、一部分に入っていても全体のことはわかる気がするんですね。ワークの種類にもよりますけど。ファシリテーターによっては、参加者の中には決して入らない。それでは全体が見えなくなる、という人もいます。それは芸風のようなもので違っていいと思うんだけど、僕はかなり入るのが好き（笑）。

――場がホールドされているというのは、ある秩序感が保たれていることでもあると思う。ということは、どうファシリテートするのがいいとか正しいといったことより、〝ファシリテーターがファシリテーター自身である感じ〟が共有されていることが大事なんじゃないか。

中野 そうだと思います。

――ファシリテーター自身の持ち味や感覚がいきている状態で、人にかかわってゆく。つまりその人がその人自身と一致していることが、場をホールドする力の一つになるんじゃないか。

中野 オーセンティック（authentic）っていうんですか。その人らしさ。自己一致しているということ。

参加者 中野さんは中野さんらしさを、生まれた時から知っているんですか？

中野　未だによくわかっていませんけど。

参加者　わたしも聞きたい。中野さんのその存在感は、最初からなのか。それとも、ファシリテーションをしている中で出てきたんでしょうか？

中野　年齢も重ねているし…。いろいろやってきた中で、当然影響は受けていますよね。答えになってないか。

参加者　コンサルの仕事をしています。クライアントにかかわってゆく時、自分のイメージで議論をまとめることも出来る。でも話し合いの中から何か生まれるんじゃないかと信頼して待つ。しかし何も生まれてこないこともある。それは、仕事としては失格です。いったい何をイメージできていればファシリテーターになれるんだろう？というのが、深刻な問いとしてあります。

中野　イメージを持つことと、ぶれないというのは別のことだと思います。イメージを持つことより、場やプロセスを信頼することのほうが大事なんじゃないかな。

今日のセッションでは、どこまでいければ御の字なのか。たとえば混乱のうちに終わっても、最後にちょっと時間をとって「ここから何か学べることがありますかね」と問いを立てたり、次につなげるような橋渡しをすることは出来ますよね。

イメージは別になくてもいいし、どんなふうに動いてもいいと思う。そのことと、ファシリテーターがその人自身でいるかどうかは、また別の問題だと思います。

参加者　ファシリテーターはぶれないんですか？

中野　ぶれるでしょう。ぶれるし、迷うと思うよ。でも自分から離れて迷ってしまうのと、自分ではあるけれど迷っているのとでは、ずいぶん安定感が違いますよね。ぶれたり迷っていても自分自身であることは出来る。

ただ、それにはやはり修行がいると思います。急にそんなふうには出来ないですよね。

いのちに敏感な人たち

随分前、信頼するあるファシリテーターに「ファシリテーターになれる人となれない人の違いはわかりますか?」と訊いてみたことがある。僕自身が「自分はどうだろう? なれるのか?」と考えながら、思い切って尋ねてみた問いだった。

彼は即答で「わかりますよ」と言った。「プログラムやワークショップが終わった後で、プロセス(過程)の話をする人はなれると思います。内容のことばかりふりかえっている人は、あまり見込みがないと思いますね」と。

その返答を聞いて「それは、デザイナーになれる見込みの有る無しと同じ話だな」と思った。プロセス。つまり過程や流れ、構成やつくりに対する意識を持てるかどうか。

よく出来ていればいるほど、デザインを意識することは難しくなる。すべてがスムーズに経験化してしまうので。

上手い監督が撮った映画を観ている時、私たちはカメラがどの位置にあって、どんなカットでシーンが繋がっていて、どんな効果音が添えられているかなんて全く意識しない。ただ映画に没入する。コマ割りを意識しながら漫画を読む人もいない。ジェットコースターに乗っている際中に、シークエンス設計の妙味に感心している人はいない。ライドとただ一体化している。

だから意識するのは難しい。にもかかわらず、そこに施されているデザインや仕事を意識する人・出来てしまう人が、つくり手側へ赴く可能性のある人たちだ。何事につけ、背景やつくりに意識が向かわない人は、そのことについてはただのお客さんに過ぎない。

そしてその立場では済まない人が、いずれ自らも役を担ってゆく。ある小説家が「嫌いな文章がある人は、文章を書けるようになる可能性がある」と話していたがこれも隣接する話だろう。わけもなく惹きつけられてしまう細部を含み、自分が素通り出来ない事々を日々感知できているかどうか。

ファシリテーションについても同じで、参加者としてワークショップを体験しながら、そのファシリテーターの仕事を意識化できるかどうか。…と、今こうして「デザイン」と「ファシリテーション」を並べてみて、同じものとしては語れないことに気づいた。デザインよりファシリテーションのほうがよりライブで、より〝生もの〟であるところが決定的に違う。前言撤回。同じ話ではないと思う。


デザインとは設計行為で、ある目的に向けて機能する仕組みを事前に描き（デッサンし）、追って形にする。

プログラミングという観点や、授業やワークショップの中で使う小さなゲームやエクササイズの単位で見ると確かに似ているが、それらを乗せる大きな器としての〝場〟は事前に設計できるものではなく、そこで次第に生まれてくるものだ。伊勢さんの言葉をもう一度ふりかえってみる。

「ファシリテーターはね、場に決定的な影響を与える存在です。でも、その場を進めているわけではない。彼がコトを起こしているのではなく、起こしているのはプロセスであり、その〝場〟なんだよ」。

先の人物が答えてくれたのは、「プロセスの話をする人はなれると思います」だった。つまりファシリテーターが何をしているか、ということでもなくて、今ここで何が起こっているのか？を意識化できるかどうか。そこが肝要なんだよ、ということ。

この章の問いは、「ファシリテーターは何をしているのか？」だ。デザインの話と同じように、ファシリテーションが上手いと〝場〟は自然に展開する。そしてそこにどんな構成があり、ファシリテーターが何をしているのかは意識する必要もチャンスもないまま、参加者はただワークショップの流れと一体化する。

が、ここで注目すべきはファシリテーターの手元や指先ではなくて、そこで彼らは何を意識できているのか?という部分だった。

その場で生まれてくるもの。起きてくるもの。つまり彼らは、いのち(生命)の動きに敏感なのだと思う。

2 ワークショップとは何か?

ファシリテーターの働きに注目した第1章で、当たり前のような顔をして頻繁に登場した言葉に〝ワークショップ〟がある。その〝ワークショップ〟とは何なのか？ということを、この章で扱ってみたい。言葉としてかなり一般化し消費されてきた感もある現在、「そもそもこれって何だっけ？」という問いを心に抱いている人は、少なからずいるんじゃないかと思う。

この約10年間、自分にとって「ワークショップとは何か？」は大きな問いで、心や頭の最前線にいつも吊り下がっていた。問わずにいられなかった理由の一つは、ワークショップに参加した帰りの胸の内に「あれはワークショップだったのかな？」という疑問や違和感がしばしば浮かんできたことにある。「擬似的な体験を組み込んだ、ただの講習会だったんじゃない？」「ワークショップというより、プレゼンテーションやパフォーマンスだったような…」「参加者が自分で気づいたかのように思ってしまいやすい、よく出来た教育プログラムでは？」とか。

そんな想いが浮かんでくるということは、僕は〝ワークショップ〟という言葉に少なからぬ思い入れがあり、期待も抱いているのだろう。それが満たされないどころか裏切られたような気持ちにさえなることが少なくなかったので、考えざるを得なかったのだと思う。

そして同じ目線を自分の授業やワークショップにも投げかけてきた。「これはワークショップと言えるのかな?」と。

「ファクトリーではない」ということ

英語のワークショップ(workshop)という単語は、「工房」や「作業所」を指す。ところが私たちは工房でも作業所でもない集まりやイベントにも、その名前をあてている。演劇の公開稽古や、街づくりのミーティング、癒しをテーマにした合宿形式の講座。学会では小部屋に分かれて行う分科会をワークショップと呼ぶ。

本来の意味と異なる場所にその名が与えられているというこ

とは、そこになにがしかの期待が含まれているのだと思う。

都留文科大学に高田研という教授がいる。元々は関西の公立校の教員で、国立淡路青少年交流の家の職員などの経験を通じて、ワークショップやそのファシリテーションの技法と出会っていった人だ。

野外教育や街づくりの現場で実践を重ねていたが、40歳の頃（1995年）に大学院でワークショップについて研究してみようと思い立ったとか。「まわりの仲間を代表して、『俺が調べてくるわ』というような気持ちでね（笑）」と、以前話してくれた。

指導教授を探したが、ワークショップというテーマをともに扱えそうな先生を教育学の領域には見出せず、教育社会学の先生と出会い、2年間の研究に取り組んだ。

その成果として書かれた修士論文には「自分に調べることが出来た範疇である」という断り書き付きで、ワークショップの

高田研
1954年大阪府生まれ。関西大学、兵庫教育大学卒業。都留文科大学社会学科教授。兵庫・大阪での小中学校教師、国立淡路青少年交流の家の指導職員などの教育の現場を経て、環境共育ワークショップ（六甲）、環境教育ネットワーク千刈ミーティングなど、環境教育の切り口からさまざまなワークショップを関西で創出。自然学校指導員や、地域計画におけるワークショップのファシリテーターを志す人々を養成。岐阜県立森林文

歴史と潮流が整理されている。部分的に紹介すると〝ワークショップ〟という言葉が本来の意味以外の形であてられた痕跡は、彼が調べた中では演劇の世界が最も古く、1905年にハーバード大学のジョージ・P・ベーカーが学生たちに開いた実験的な演劇指導の授業が「47ワークショップ」と呼ばれていたそうだ。

またそれに先駆ける形で1896～1904年の8年間、シカゴ大学にいた哲学者のジョン・デューイが、同大学の附属小学校として「実験学校」と呼ばれる場を形にしている。これは、知識ではなく子どもたちの生活経験を起点にした学びの場づくりの実践で、教育分野におけるその後のワークショップ、および体験学習のエポックとなっている。

高田さんは〝ワークショップ〟という言葉が拡大解釈的に使われ始めた背景について、「大量に廉価な製品を生み出すことを目指す『工場』に対し、小さな空間で手作業で行われる『工房』という言葉が使用された意味が浮かび上がってくる」と書

化アカデミー教授を経て現職。共著に『人権の学びを創る——参加型学習の思想』（部落解放人権研究所）など。現在は徳島県立阿波高校、阿波西高校両校の授業改革に携わる。

演劇分野がワークショップの歴史の源流ではないか、という見解に異論を唱える方もいる。

き、アメリカが農業から工業へ、そして都市中心の社会へ移っていった時代性がそこにあるのではないかと指摘している。

アメリカの工業化は19世紀後半に始まった。量産技術の世界的なエポックであるT型フォードの生産は1908〜1927年。20世紀前半のアメリカはヨーロッパに代わる世界の工場として繁栄を謳歌したが、同時に工場を中心とした都市のスラム化が社会問題となり、人間がただの労働力として扱われることへの違和感も蓄積された。

つまり、その言葉を使った人々に「ファクトリー（工場）ではなく」という願いがあったのではないか、ということ。

システムが中心で、それに人間が従って生きてゆくような空間ではなく、人間を中心とする場を社会の中に取り戻してゆきたいという期待。工房を意味するワークショップという言葉には実はそんなものが込められていたのではないか？という指摘で、僕には腑に落ちるものがあった。

ジョン・デューイ
John Dewey
1859〜1952年。アメリカの20世紀前半を代表する哲学者、教育改革者、社会思想家。プラグマティズム（実際主義）を代表する思想家。著書『学校と社会』で彼が提示した理想とする学校の平面図は、二階建てのX字形の建築の中央部分に図書室と博物室を、その周りに織物室や作業所、厨房、食堂、実験室、美術室、音楽室を配置している。いわゆる「教室」は見あたらない。周辺の各室はいわばワークショップ的な空間で、そこで得た生きた経験を中央部で知的に扱うという、体験学習の構造が平面プラン化されている。

自分の言葉でも語ってみたい。

ファクトリー（工場）の特性は、「何をつくるか？」があらかじめ決まっている点にある。そしてそれを効率よく、高精度に、間違いなく生産するためのラインが設計され稼働する。一方ワークショップ（工房）では、「何をつくるか？」はあらかじめ決まっていない。少なくとも設計図のたぐいはない。そこには素材があり、道具があり、「少しでもいいものをつくりたい」意欲を持つ職工が集って、互いに影響を与えながら働く。そしてつくり出すべき「なにか」が、その場で模索されてゆく。

ファクトリーは量産するが、ワークショップは量産のための空間ではない。また前者において失敗はあってはならないもので決して望まれないが、後者（ワークショップ）では失敗はむしろ重要な手がかりで、いい失敗を積極的に得るべく試作が重ねられる。

ファクトリー（工場）は、システムを所有し管理する側が大きな影響力と権限を持つ社会を象徴している。その発展は、素人より専門家が、生活者より消費材を供給する側がよりパワフルな社会の深化でもあった。一方ワークショップ（工房）では一人ひとりの個人が中心で、権限も分散している。

　このように〝ファクトリー〟という対立概念を置くと、〝ワークショップ〟という言葉に込められてきた願いの内実が少し見えやすくなる。


　ワークショップとは本人が自分の「なにか」に取り組む場所であり、指示されたものをその通りにつくることが託されるファクトリーとは違うはずだ。制作物であれ何であれ、完成形はあらかじめ決まっていて、それを組み立てたり疑似体験する場なら、ワークショップでなく「体験会」と名乗るほうが妥当だし、あらかじめゴールやこたえがあるのなら「講習会」や「体験型セミナー」の名前を掲げるほうが看板に偽りがない。

　手垢の付いた言葉を少しでも新鮮なものに置き換えて、参加者の期待値を上げようとするささやかな工夫にいちいち目くじらを立てるつもりはないが、もしそこに無意識であれなんらか

柳宗理さんは、仕事場を「ワークショップ」と呼んでいた。工房の手仕事を軸に進める働き方は、バウハウス以来のデザイン界の伝統だ。以前インタビューでお会いした時、代表作の一つであるバタフライ・チェア（右写真）の製作過程についてこんな話を聞かせてくれた。
「この椅子はね、ある日塩ビ板を買ってきて、クネクネと曲げているうちに出来たんです。最初の日は片方の板が背もたれになっていてね。座る

の期待感が含まれているとしたら、その内実を大切に検討して欲しいと僕は思う。

創造的である・生産的である

ワークショップとファクトリーの質的な違いにわかりやすい補助線を引ける気がするので、「20％＝80％の法則」に少し触れてみたい。別名パレートの法則とも呼ばれる「重要な20％に80％の成果が含まれる」という考え方だ。以前『自分の仕事をつくる』という本にも書いたが、この法則を勝手に図化すると、次頁のように、こんな曲線を描くグラフになると思う。

プロジェクトや仕事を始めるにあたり、左下の0から出発して、100の時間の中で100の成果に到達したいとする。「20％＝80％の法則」をあてると、重要な20％の仕事がすみやかに進められたなら、その二点間は直線でなく、二割の時間でおよそ八割の成果を通る関数的な曲線で結ばれると思う。

角度が90度違った。その日はいったん帰ってね、次の日また工房に来て、『なんか違うな…』と思ってハサミで切って。原型が出来たんです。そんなふうに、つくりながらつくっていくんですよ」。

ヴィルフレド・パレート Vilfredo Frederico Damaso Pareto
1848〜1923年。イタリアの技師、経済学者、社会学者、哲学者。経済社会における富の偏在を明らかにした。

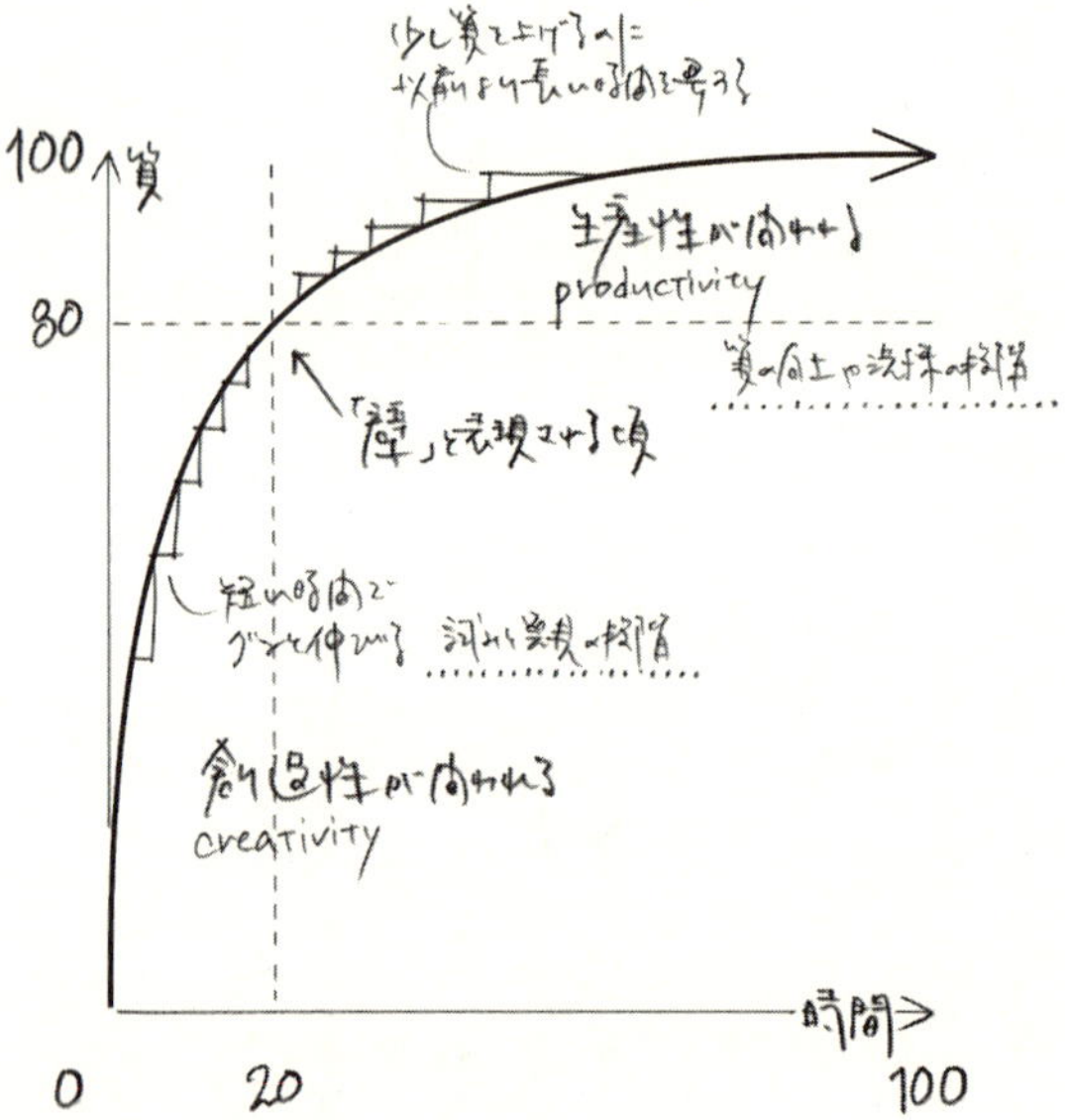

少し質を上げるのに
以前より長い時間を要する
100
質
80
生産性が問われる
productivity
質の向上や洗練の段階
「壁」を意識する頃
短い時間で
グッと伸びる
創造性が問われる
creativity
時間
0
20
100

実際、全力でものごとにあたっている時、私たちは見事にこの曲線を辿っている気がする。たとえば生まれて初めてスキーに行った日を思い出してみると、初日はひたすら転ぶ。次の日も大いに転ぶ。無数の失敗を重ねながら、しかし短い滞在の間にめくるめく上達して、たいていの斜面をなんとか降りられるぐらいにはなる。ぐんぐん伸びてゆく感じで、とても楽しい時期だ。

ところがある頃から、それまでの速度感では伸びつづけるのが難しくなる。しばしば〝壁〟と呼ばれるこの辺りでつまらなくなってしまう人もいれば、「奥が深い」と呟きながら、さらに歩みを進める人もいる。この時予感されている奥行きは、残りの八割のプロセスへの展望を表しているのだと思う。

最初の二割の時間は、短時間でグッと成果が出る。めきめき出来るようになってゆくその感じをスキーで喩えてみたが、小さな子どもが歩けるようになる時も、言葉が喋れるようになってゆく時も、自転車に乗れるようになる時も、すべて同じようなことが起きていると思う。

そしてある時期を過ぎた頃から、質を少し上げるために以前より長い時間が要るようになる。この傾向は先へ進めば進むほど強くなる。これはプロセスが発達というより、熟達の段階に入っているということだ。

壁の前と後ではステージの質が大きく違う。後者が生産（production）の段階だとしたら、前者は創造（creation）の段階なのだと思う。生産の段階では定型化と品質管理が、創造の段階では試みと発見が求められる。完成にむけて細部を詰めながら洗練させてゆく段階と、探求を始め、つくるべき何かを明らかにしてゆく段階の違い。後半の八割がファクトリー的な時間で、最初の二割がいわばワークショップ的な時間なのだろう。

今の日本、ないし世界はどちらのステージにいるのか。資本主義を使い回してきた先進諸国は、後者（ファクトリー）の最終段階にあると同時に、前者（ワークショップ）の端緒についているように見える。従来のシステムの延命化をはかりながら、次の道筋を模索している。

難しいのは、この二つのステージの間で、判断や評価を行う価値観の土台が大きく異なる点にあると思う。「生産性／創造性」とか「効率／効果」といった言葉で対比させると一目瞭然だし、後のファクトリー的な時間は拡大再生産を効かして収益も生み出しやすいが、先行する前半のワークショップ的な時間に同じ収益性はない。ここから生み出されるのは、ビジョンと可能性とネットワークだ。

ところが本来的に同じ定規では測ることが出来ない二つのステージに、双方がめいめいの定規をあてて、噛み合わない評価を下し合っている気がする。「面白いけど利益にはつながっていない」とか「効率的であれ減点主義はいかがなものか」とか。

私見として、日本社会は創造的な段階、つまりワークショップ的なプロセスの扱いにはあまり長けていないと思う。

バイクの本田宗一郎、トランジスタラジオの井深大、第一次南極観測隊の越冬を率いた西堀栄三郎など、例外的な存在はもちろんいるが、明治以降の国策はすでにあった海外の先行事例をどうキャッチアップするかにあり、戦後はそれを如何により上手くやるかという部分にあった。グラフに戻ると、日本は0からでなく20%＝80%の壁を越えた途中のあたりから参入して、社会を組み立ててきた感がある。

ファクトリー（工場）的な社会を、極端な競争原理にさらして非人間的な合理主義には走らせずに、出来る限り家族的・共同体的で、かつ経済性高く実現することに、国はこれまで注力してきたのだろう。

そんなファクトリー的局面を支える人間づくりが是であったので、教育は同じように優秀な人材を出来るだけ多く、効率的に輩出することに焦点をあてて設計された。そして見事にそれを実現したと思う。

しかし、これまでつくれば売れていたものが売れなくなり、より上手に、相対的に安いコストでつくれる国も現れて久しい

西堀栄三郎
1903〜1989年。登山家、無機化学者、技術者。戦後は統計的品質管理手法を日本の産業界に持ち込み、デミング賞などを受賞。第一次南極観測隊の副隊長兼越冬隊長や、日本山岳会会長も務める。

現在、これからの社会に必要な人間は？　藤原和博さんは経済的成長が一段落して成熟社会へ移行してゆくのなら、そこで大切なキーワードは多様性であり、同じ正解に辿りつく人を一人でも多く生み出すために用意された教育は、「一つの正解」でなく「一人ひとりの納得解」の探り方を教えるものになるだろうと述べている。

20％の時間で80％の成果に達するワークショップ的な段階。そして残り80％の時間をかけて、あと20％の完成度を詰めてゆくファクトリー的な段階。

一人の人間においても、企業や組織においても、この二つの異なるステージがバランス良く共存していることが健やかさを生むのではないかと思う。どちらがより重要であるという主張は僕にはない。このバランスが悪くどちらか一方に偏っていると、妙にエキセントリックになったり、教条的というか視野狭窄的になり、健やかさは損なわれるように思う。

自分は今は勤め人でなく会社を持っていて、しかも専門性を

藤原和博
1955年生まれ。リクルートで営業統括部長、新規事業担当部長などを歴任。東京都初の民間人校長として杉並区立和田中学校の校長に。2008年に退任。著書に『誰が学校を変えるのか――公教育の未来』（ちくま文庫）など多数。

一つに絞らずに仕事を重ねていることもあって、プロジェクトを進める時は短期間の仕事でも長期間のそれでも、ほぼ必ずこの両方の段階を経験する。最初の約20%の時間のほうがより生命力に溢れていて萌えるものがありワクワクするが、コツコツと精度を詰めてゆく残り80%の時間の味わいも好きだ。どちらにもそのステージなりの良さがある。

現代の日本人の多くは、ワークショップ的なプロセスの扱い方を学んだり身に付ける機会があまりなかったので、従来の方法論を引きずったまま、先行きの見えない時代の入口に佇んであたりを見回している。そして目についた〝ワークショップ〟という言葉を、子どものように振り回してみた。そんな状況がつづいていたんじゃないかと思う。

が、それも次第に終わってゆくだろう。理屈でなく感覚的にワークショップ的なプロセスで仕事や活動を起こして、壁のあたりでもがきつつ、そこを通過しようとしている若い人たちの姿が目につくようになってきた。

〝ワークショップ〟の本懐は、あらかじめ用意された答えはなく、それを模索してゆくプロセスにあるのではないか、ということを書いてきた。特徴として引き合いに出されることの多い「参加性」や「体験性」も、その模索的なプロセスが自然にまとう結果に過ぎないと思う。

しかし「これはワークショップ」で「これはワークショップではない」といった選別的な話は始めたくない。右か左かという二択ではなく、ワークショップ〝的〟という言葉で扱うほうが相応しい重力場があって、よりワークショップ的であったり、それほどでもなかったり。同じ一つのプログラムや授業の中でも、その度合いが強まったり弱まったりしながら場が進んでゆくのが実際のところなんじゃないか。

教科書を開いて進める授業でも、生徒と先生、生徒と生徒のかかわり方が少し変われば、一時的にでも場はワークショップ〝的〟になる。ワークショップか否かというより、コミュニケーションが成立しうるかどうか？　というところが重要なのだ

相互作用性が高まり、模索性が強まれば。

と思う。

ここには、ファシリテーターの持ち味も絡んでくる。たとえば権威性が板に付いている人が、無理にそれを外したり隠してファシリテートすると、場は逆に落ち着きを失う。

第1章で苅宿俊文さんが語っていた「同じものでも、誰がやるかで違ってくる」という話に僕も同感で、それはファシリテーションに限らず、仕事全般について言えることだ。私たちは「建築家」になるわけでも「料理人」になるわけでもなく、自分なりの「それ」になる。その仕事を通じて自分を表現できていることが感じられる時に嬉しいし、まわりも喜び、安心する。要するにそういう時がいちばんよく機能しているわけで、must be（しなければならない）という思考法ばかりを重ねていると逆に一致感を損なう。

ワークショップについても「こうあるべき」といった理念に囚われると、そのファシリテーションに不自由さが生じかねないし、なによりその場にいる人々の様子を感受しにくくなると思う。

ワークショップの歴史と潮流

ところで、ご本人の許諾をいただいて、高田研さんの論文に掲載されていたワークショップの歴史のダイアグラムを転載してみたい。

デューイを一つの起点にして、さまざまな分野とつながり合いながら、同時多発的な現象として広がってきたワークショップの潮流。この図を見ながら中野民夫さんと交わした短い対談（2003年）があるので、それを掲載する。二人で図（次頁）を眺めながら交わしたカジュアルなやり取りで、学術資料的な意図はないことをお断りしておく。対話の形をとった、〝ワークショップ〟に関する一種のインデックスとして読んでいただけると嬉しい。

ワークショップの歴史

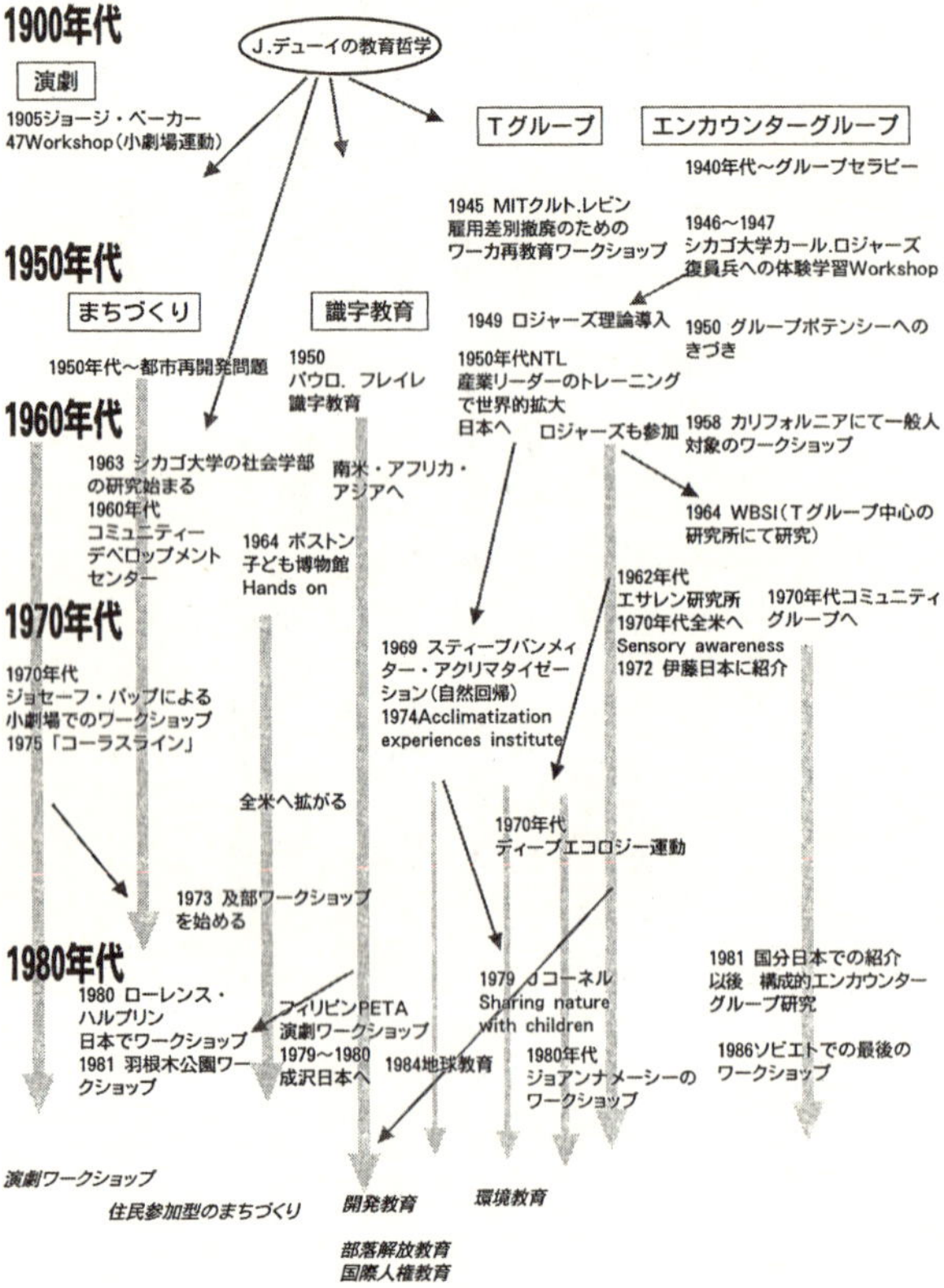
1900年代
J.デューイの教育哲学
演劇
1905ジョージ・ベーカー
47Workshop（小劇場運動）
Tグループ
エンカウンターグループ
1940年代〜グループセラピー
1945 MITクルト.レビン
雇用差別撤廃のための
ワーカ再教育ワークショップ
1946〜1947
シカゴ大学カール.ロジャーズ
復員兵への体験学習Workshop
1950年代
まちづくり
識字教育
1949 ロジャーズ理論導入
1950 グループポテンシーへの
きづき
1950年代〜都市再開発問題
1950
パウロ．フレイレ
識字教育
1950年代NTL
産業リーダーのトレーニング
で世界的拡大
日本へ　ロジャーズも参加
1960年代
1958 カリフォルニアにて一般人
対象のワークショップ
1963 シカゴ大学の社会学部
の研究始まる
1960年代
コミュニティー
デベロップメント
センター
南米・アフリカ・
アジアへ
1964 WBSI（Tグループ中心の
研究所にて研究）
1964 ボストン
子ども博物館
Hands on
1962年代
エサレン研究所
1970年代全米へ
Sensory awareness
1972 伊藤日本に紹介
1970年代コミュニティ
グループへ
1970年代
1970年代
ジョセーフ・パップによる
小劇場でのワークショップ
1975「コーラスライン」
1969 スティーブバンメィ
ター・アクリマタイゼー
ション（自然回帰）
1974Acclimatization
experiences institute
全米へ拡がる
1970年代
ディープエコロジー運動
1973 及部ワークショップ
を始める
1980年代
1981 国分日本での紹介
以後　構成的エンカウンター
グループ研究
1980 ローレンス・
ハルプリン
日本でワークショップ
1981 羽根木公園ワー
クショップ
フィリピンPETA
演劇ワークショップ
1979〜1980
成沢日本へ
1984地球教育
1979 Jコーネル
Sharing nature
with children
1980年代
ジョアンナメーシーの
ワークショップ
1986ソビエトでの最後の
ワークショップ
演劇ワークショップ
住民参加型のまちづくり
開発教育
部落解放教育
国際人権教育
環境教育

『人権の学びを創る』より転載

中野　僕のワークショップの流れは、高田さんのこの図でいうと、80年代のところにあるジョアンナ・メイシーが入口。「絶望と再生のワークショップ」とか「ディープエコロジー・ワーク」と呼ばれていたけれど、60年代のヒューマンポテンシャル・ムーブメントの要素が色濃く含まれていた。会社を休職して留学したカリフォルニアで、彼女のワークショップに参加したことから得たものが、僕には大きいな。

西村　ヒューマンポテンシャル・ムーブメントとは？

中野　60〜70年代のアメリカで広がった人間性回復運動。人の内的成長や、それを促進するいくつかの心理療法や訓練法が核にあって、その渦の一つがカリフォルニアのエサレン研究所だったと理解している。

病人を治すためにあった心理学を、一人ひとりの人間性を深めるものとして再構築したわけだよね。

『人権の学びを創る――参加型学習の思想』（2001年、部落解放・人権研究所）
右頁の高田さんの図版やその論考はこの本でも読める。

ディープエコロジー
1973年にノルウェーの哲学者アルネ・ネスが提唱したエコロジーの概念。人間の利益のための環境保護と一線を引く。

人間性回復運動
1960年代のアメリカの心理学分野で生じたムーブメント。「人間性」や「人間の潜在能力」の回復・発展を指向する。

西村　高田さんの図で見ると、ジョアンナ・メイシーの上流にディープエコロジー運動が、さらにその上流にエサレン研究所からの流れが書かれています。エサレンは、瞑想法やボディーワーク、心理療法などの坩堝として始まったようですね。さまざまな新しい組み合わせを模索していった。初期の段階には、心理学者のマズローもかかわっている。

僕が本などで読んできた中では、図にも出ている40年代の二つのグループメソッド。ＭＩＴ（マサチューセッツ工科大学）にいたクルト・レヴィンのセンシティビティ・トレーニング（感受性訓練）や、同じ頃シカゴ大学にいたカール・ロジャースが後年展開した非構成的エンカウンターグループといった、人の内的成長にたずさわる関与技法の影響を、エサレンやその周辺の動きも大きく受けていたようです。

中野　エサレンのワークショップは参加費が高くて、僕は留学中に体験出来なかったんだよね。

ところでジョアンナ・メイシーは、彼女の仲間たちとインタ

エサレン研究所
1962年、スタンフォード大学出身のマイケル・マーフィーとリチャード・プライスが、カリフォルニアのビッグサーに開設した滞在型の研修センター。人間性回復運動の震源地の一つ。

ボディーワーク
思考でなく身体を入口に、心や精神など内的なものにアプローチする手法の総称。

アブラハム・マズロー
Abraham Harold Maslow
1908〜1970年。アメリカの心理学者。人間性心理学の重要人物。人間の欲求の階層（マズローの欲求のピラミッド）の提示により、よく知られる。

ーヘルプというグループをつくって、さまざまなワークショップやエクササイズの実験をくり返していた。互いに手法を試しながら練り上げたその成果は、『核時代の絶望と個人の力』という一冊の本になっていてね。50種類ぐらいのワークショップが紹介されているんです。

西村　ジョセフ・コーネルの「ネイチャーゲーム」みたいですね。1980年前後の頃のアメリカでは、一斉に果実が実るような感じで、ワークショップの中で行われるアクティビティのアイデアや方法論がまとまっていったのかな。

メイシーさん自身のルーツは、どこにあるんでしょう。

中野　彼女の場合、ご主人の仕事の関係で滞在したチベット文化圏での仏教との出会いがとても大きかったみたい。30代後半から仏教を研究して、一般システム理論と仏法の比較研究をした。その後、米ソの核兵器の軍拡競争の中で、絶望的な世界の状況に気づいていながらも皆が抱えている心の抑圧を解いて、

クルト・レヴィン
Kurt Lewin
1890〜1947年。心理学者。ゲシュタルト心理学を社会心理学に応用。MITにグループダイナミクス研究所を創設。リーダーシップスタイルや「アクションリサーチ」を研究・開発。

センシティビティ・トレーニング
感受性訓練。Tグループ（後述）の別名。通常十〜十五名の小グループに一〜二名のトレーナーが付き、1週間前後の合宿形式で行われる。日本導入は60年代以降。一部のトレーナーが参加者に精神的圧力をかけるようになり、社会問題に。『心をあやつる男たち』（福本博文著、文春文庫）に詳しいが、良心的なトレーナーによる場もひとまとめに怪しまれたままなのが残念。

ちゃんと泣き合い怒り合う場をつくろうと、「絶望のワーク」という場をつくり始めたんだ。
でも、やっぱりルーツを単純には言えないよね。ワークショップ以外の経験も含んで、それぞれが再編集しているわけだから。

西村 個々人のレベルではそうだけど、大きな流れはありますよね。それを理解しておくのは悪くないと思う。先にも出た、クルト・レヴィンとカール・ロジャース、そしてその両者のかかわりが強い50年代のNTLが、ワークショップやファシリテーションの一つの源流であることはたぶん間違いない。ヒューマンポテンシャル・ムーブメントもNTLに端を持つ流れに繋がっていて、それがジョアンナ・メイシーへ、そして中野民夫さんにも繋がっている。

体験学習法は、NTLが展開していたTグループがベースですよね。アメリカの聖公会の教会の牧師さんたちも、地域の

ネイチャーゲーム
米国のナチュラリスト、ジョセフ・B・コーネルが著書『Sharing Nature with Children』（1979年）で発表した自然体験プログラムの日本での名称。

NTL
National Training Laboratory
前出のレヴィンの死後、ともに研究していた人々が組織。1940年代後半から活動。産業界のリーダー育成を手始めに、さまざまな組織でTグループを手がける。

人々とのかかわり合いの技能を育むために、NTLのトレーニングを受けていた。その流れが立教大学のJICEというトレーニング・グループに繋がり、60年代の社員研修ブームにも応えていった。

中野　確かに、40年代のアメリカで生まれた二つのグループ・メソッドの流れを汲むものは大きいよね。でも、そこだけが源泉とは言えないよ。この図にもある識字教育のパウロ・フレイレもいるし、都市計画分野でワークショップを拓いたローレンス・ハルプリンもいる。

ハルプリンは奥さん（アンナ・ハルプリン）がダンスの人で、彼女のダンサーズ・ワークショップの手法を、住民参加の方法論に援用してみたという背景があるらしいね。（追記　2009年、ローレンス本人に中野さんが確認したところ「一緒に始めた」とのこと）。

西村　ハルプリンの問題解決プロセスはデューイの教育哲学に

Tグループ
トレーニング・グループ。研修や体験学習法の世界ではベーシックとも呼ばれる。未知のメンバー十名ほどが、進め方やお題の用意されていないグループセッションを通じ、「今・ここ」で起きている人間関係を通じて自分の課題に取り組む。日本では大阪のSMILEや、名古屋の南山大学などで継承されている。

JICE
Japan Institute of Christian Education of Rikkyo University
立教大学キリスト教教育研究所。1962年設立。NTLの教育手法を軸に、教会・諸学校・公共団体・企業一般の研修を手がけた。

繋がっている、と高田さんは指摘しています。自分たちで問題を発見し、模索した解決案を実践的に検証する。
フレイレもデューイの思想をブラジルに紹介した人のお弟子さんだったようです。彼の活動は中南米の民衆演劇に繋がって、フィリピンのPETAを経由して世田谷に上陸した。その源流を辿ってゆくとデューイに至る。
あと図には出てこないけど、自己啓発セミナーや企業研修の流れがあります。源流まで溯れば、これらもNTLやレヴィンの研究に繋がっているんでしょう。ただワークショップと呼ぶべきかどうかわからないし、高田さんは意図的に外したのかもしれないけど。

中野　以前、友人が自己啓発セミナーにはまってね。彼に誘われて参加してみたことがあるんだ。85年頃。
面白さと怖さの両方を味わったな。自分が変われば世界が変わるっていう考え方がベースにあると思うんだけど、下手するとそれは社会の問題を個人の内面的な問題にすり替える、為政

パウロ・フレイレ
Paulo Freire
1921〜1997年。ブラジルの教育者。貧しい農村の人々が自分たちの仕事や暮らしを意識化するための識字教育に取り組み、成功。資本家層の迫害を受け一時期国外に追放されるが、民主政府の設立後に帰国。

ローレンス・ハルプリン
Lawrence Halprin
1916〜2009年。アメリカのランドスケープ・アーキテクト。妻のアンナ・ハルプリンとともに人間の活動を重視した公共空間を設計。60年代から、市民と協働で進める街づくりワークショップの実践を重ねた。

者にとって都合のいい手法になる。

西村　そうした動きの起点にあたるセミナー会社がアメリカで活動を始めたのは、70年代に入ってから。先のエサレン研究所における人間探求の試行錯誤のビジネス化、と理解してもいいのかな。

ヒューマンポテンシャル・ムーブメントと同じ頃に存在したホリデイ・マジックというマルチ商法の会社の幹部訓練法と、エサレンなどで模索されていたエクササイズが合流して、estやライフスプリングなどのセミナーが出来上がっていったという話を聞いたことがあります。

中野　80年代にそれらが日本に流れ込んできて、再び企業研修ブームになった。この時の人々の経験が「ワークショップは胡散臭い」とか「怖い」といった、社会的なイメージの原因の一つになっているね。洗脳とかカルトとか。

PETA
Philippine Educational Theater Association
フィリピン教育演劇協会。社会的な課題を意識化するための民衆劇を活動の中心に据えた非営利の演劇団体。1967年設立。劇団「黒テント」との交流が深く、日本との繋がりも太い。

自己啓発セミナー
字義としては、本人が気づかずにいるところを教え示し、より高い認識・理解に導くこと。70年代にアメリカで生まれ日本にも上陸。90年前後に流行したが、追って下火に。マルチ商法にも通じる勧誘手法が社会問題にもなった。

西村　使われている手法は同じでも、それを何のために用いるのか。本当にその人自身の成長や統合を望むのか。あるいは占領して、依存的な関係に持ち込むのか。そのどちらでもない、ファシリテーター自身の自己満足や投影に過ぎない、ちんぴらのようなワークショップも多いと思うけど。

中野　ビジネス系のワークショップや研修にも、もちろん自己啓発セミナーとは別種の流れがある。たとえばマイケル・ドイルという人がいてね。翻訳で『会議が絶対うまくいく法』という本も出ている。

西村　原書は1976年。「ファシリテーター」という言葉が目次に並んでいますね。今から30年も前か。

中野　ドイルは会議の手法改革を軸に、あらゆる組織活動を力づける方法を探った。ビジネス書のようだけど、複数の人間が集まってよい相乗効果を生み出すということは、NGOでもN

ホリデイ・マジック
マルチ・レベル・マーケティングという商形態をともなって1973年に日本に上陸したアメリカの会社。商材は化粧品。国内における連鎖販売取引（マルチ商法）の歴史の発端となった。

est
Erhard Seminars Training
初期の代表的な自己啓発セミナーの一つ。創始者はワーナー・エアハード。千人近い参加者を集めて開催される規模の大きさに特徴があった模様。

ライフスプリング
初期の代表的な自己啓発セミナーの一つ。創始者はジョン・ハンレーほか。

マイケル・ドイル
Michael Doyle
邦題『会議が絶対うまくいく

POでも、あるいはPTAにもボーイスカウトにも、企業だけでなくあらゆる組織に関係する話だから。彼はデュポン社が従来のフロンから脱却して代替フロンの開発を推し進めるプロセスにもかかわったらしい。企業の変容をその内部から助けたわけで、僕にとっても目標の一つだな。

ただ、やはりこうしたルーツの話は一概に言えないよね。たとえば青木将幸さんに影響を与えたという仙台の加藤哲夫さんのファシリテーションにも、ワークショップ以外の分野や、彼自身の前職で培われた感覚が豊富に織り込まれているわけだから。

西村 そうですね。一人ずつ特殊解だ。それぞれのスキルには本人が自分自身で拓いて、摑み取ってきたものが必ずあるわけだし。

法』(2003年、日本経済新聞社)は、米国では25年間で60万部を越えるロングセラー。中立的存在としてのファシリテーター像を明示。

加藤哲夫 59頁の注釈を参照。

高田さんの年表ではデューイが一つの起点として描かれているが、もちろんそれに先立つ道標として、フレーベルの幼稚園があり、ルソーの『エミール』がある。
　また直接的に繋がっているかどうかは別にして、ロジャースやレヴィンのグループセッションのはるか以前から、クエーカー教徒の世界には集まった人々がただ黙って座り、その中で言葉を語り始めた人が神職を担ってゆく礼拝の形があった。これは「沈黙の礼拝」と呼ばれていた。ここには、沈黙を経て人の中から生まれてくる言葉に神聖なものを感じとる、人間の感性が垣間見られる。

　日本にも、ワークショップ的な営みを照らす過去の光がいくつもある。
　民俗学者の宮本常一が拾い集めた戦後まだ間もない頃の村々の「寄り合い」の場には、理詰めで合意をまとめるのではなく、全員が腹で納得するまで時間をかけて練り上げてゆくような、かかわり合いの型があった。

フレーベル
Friedrich Wilhelm August Fröbel
1782〜1852年。ドイツの教育者。世界初の幼稚園として「一般ドイツ幼稚園」を開設（1837）。併せて教員養成も行う。幼稚園（Kindergarten）は彼の造語。

ジャン＝ジャック・ルソー
Jean-Jacques Rousseau
1712〜1778年。スイスの哲学者・教育思想家。フランス革命や、それ以降の社会思想にも精神的影響を及ぼす。1762年に教育論『エミール』を刊行。

クエーカー教
Quaker。17世紀にイングランドで設立された「キリスト友会」の呼称。個人の中に神が現れる概念「内なる光」を中心に持ち、その声に耳を傾

また、江戸時代後期に農村復興政策を指導した二宮尊徳は農村を復興する一助として、村の人々が車座になり本音で語り合う場を設けて回った。これは「芋こじ会」と呼ばれた。

こうした話し合いの進め方には、理性を重視する西洋的な価値観の影響を強く受ける前の、日本の風土に根ざした場の持ち方が感じられる。ことを頭で考えて情報処理するのではなく、腹におさめたり腑に落としてゆくプロセスとしてこれを見ると、ワークショップを理知的な問題解決の手法として捉えている人には、「合意」や「判断」といった人と人の営みを別の角度から照らす機会になるかもしれない。

さらに近代の日本をふり返ると、川喜田二郎さんの名前も思い起こされる。有名な「KJ法」ではなく「移動大学」の試みが。

「移動大学」は、安保闘争につづく大学紛争の状況に見切りをつけた川喜田さんが東京工業大学の教授職を辞任し、本来の大学の場を在野につくり出すべく始めた活動だ。テントを積んだ

けるべく、静けさを積極的に評価する。

宮本常一 1907～1981年。日本を代表する民俗学者。戦前から高度成長期まで、日本各地をフィールドワークして膨大な記録を残した。著書に『忘れられた日本人』（岩波文庫）ほか多数。

二宮尊徳 1787～1856年。江戸後期に「報徳仕法」と呼ばれる農村復興政策を指導した農政家・思想家。通称は金次郎。「芋こじ」とは桶の中に里芋と水を入れ、棒や板をつかって攪拌することで、芋同士が互いにぶつかり合ってきれいになる。二宮尊徳は、集まった農村の人々がこの芋のように互いを錬磨し合う場をつくった。

キャラバンを組んで百人ほどの人間がある地域に入り、2週間のキャンプ生活を通じて、教科書でなくリアルな現場を素材にした課題発見と解決を試みる。

第1回は1969年に黒姫高原で開催され、以後毎年、琵琶湖、えびの高原、十勝平野、沖縄…と場所を変えて開催されていった。KJ法はこの移動大学においても主要な知的生産技術として活用された。

自分はこの移動大学に参加していないし、知りもしなかった世代だが、よく仕事をご一緒させていただいているデザイン会社の社長さんが、学生時代に新潟で開催された移動大学に参加していて、その時の体験が自分にどれほど強い影響を与えているかという話を温かく語ってくれたことがあり、そこで初めて知った。

歴史の流れの中で見えなくなってゆく無数の貴重な場を、すべて紐解いてゆくことは出来ない。

中野さんとの対話の意図は、ワークショップがつい最近生ま

川喜田二郎
1920～2009年。地理学者、文化人類学者。豊富な野外調査経験の中で、情報整理と発想の手法としてKJ法を開発。研究者や企業などで広く応用された。

KJ法
集めた情報をカードに記述・分類し、その中で発見と発想を進める手法。

『雲と水と――移動大学奮戦記』
（川喜田二郎著、講談社）

れた新しい手法や考え方ではなくて、幾世代にもわたるさまざまな分野の先駆者の仕事に端を持っているという視界の共有にあった。私たちは大きな織り物の末端にいて、過去に繋がる縦糸にめいめいの横糸を通しながら、ある種の期待感を共有した営みを織りなしている。20世紀から21世紀にかけて、それは〝ワークショップ〟と呼ばれてきた。

待つ・待たない

数年前、当時岐阜で教えていた高田研さんを訪ねて、先の図についてさらに少し話を聞かせていただいたことがある。

日本の〝ワークショップ〟は基本的にアメリカからの影響が大きい。近代社会の実験場でもあったアメリカでさまざまなワークショップの編み直しが進んだわけだが、そのアメリカには大きく二つの軸があると思うんです、と高田さんは話してくれた。

「強いアメリカ」と「自由の国アメリカ」の二つ。かの国の教

「移動大学」については、街づくり分野のファシリテーターである木下勇さんの著書『ワークショップ――住民主体のまちづくりへの方法論』（学芸出版社）の中にも数頁にわたる記載がある。同書は後半の一章が丸ごとワークショップの歴史的理解に割かれていて、大変読み応えがある。が、時代が現在に近づくにつれ、街づくり分野から見た記述が中心に。ワークショップは今や樹に喩えるとかなり幹の太い巨木になっていると思う。全体を一望できる人はおそらくいないんじゃないか。

育史をふり返ると、この二つの軸の間でその時々の趨勢が揺れ動いてきた様子がよくわかるんだ、と。

たとえば、1957年にソ連が人類初の人工衛星の打ち上げに成功。アメリカ社会にスプートニク・ショックが広がって「強いアメリカ」という軸が危うくなると、心理学者のブルーナによる教育の現代化が発言力を増し、科学教育の改革運動が生まれる。それが世界中の教育界にも影響を与え、端的に言えば教科書の力が強くなった。

しかし60年代、公民権運動が盛んになり、またベトナム戦争などを通じて「自由の国アメリカ」というパブリックイメージが危うくなると、今度は人間性回復運動などの動きや、ヒッピームーブメント、あるいはホームティーチングやフリースクールなどの動きも生まれて、それがまた世界に影響を与えてゆく。

スプートニク・ショックの前にも人間性回復運動の後にも他にもいろいろな節目があり、その都度劣勢と優勢の揺れがあるわけだが、アメリカ社会の特徴は常にこの二つの軸が同時に存

スプートニク・ショック
Sputnik crisis
1957年10月、ソヴィエトが人類初の人工衛星「スプートニク1号」の打ち上げに成功したことにより、西側諸国の政府や社会に走った危機感を指す。

ジェローム・ブルーナ
Jerome Bruner
1915年生まれ。アメリカの教育心理学者。現代の教育界に強い影響を与える。認知心理学の生みの親の一人でもある。

公民権運動
50年代から60年代のアメリカで、黒人（アフリカ系アメリカ人）が公民権の適用と人種差別の解消を求めて行った大衆運動。20万人以上が参加した「ワシントン大行進」（1963年）で最高潮に達する。

在していて、どちらか片方だけになることがない。

しかし日本はアメリカの揺れの影響を強く受けながら、その都度どちらか一方がほぼ多勢になってしまうように見えるね、と高田さんは話していた。

ここで少し日本の教育史をふり返ってみたい。自分たちの教育・学習は、どのような流れの端部にあるのだろう?


以下の教育史のふり返りは、東京大学・佐藤学さんの放送大学『教育の方法』(左右社)を一つの下敷きに、『日本の学校』(勝田守一+中内敏夫著、岩波新書)などを交えて書いている。


江戸時代を通じて、庶民がみずから教養や学習の必要性を感じ、寺子屋に代表される自主的で実務的な教育の場が生まれていった。

これらは民間の動きで、江戸末期には全国に1万5000校ほどの寺子屋があったという。他にも藩校や郷学などがあり、庶民から藩士の子弟まで、学びの場は充実していた。幕末期における人々の識字率や読み書き能力は、世界でもトップレベルだったそうだ。

明治維新が起こり明治政府が発足すると、国のリードによる教育環境の整備が始まる。1872年（明治5年）に公布された教育法令がその出発点で、欧米の教育制度を導入。当初はそれまでの伝統を踏襲して、半年ごとに進級機会のある等級制が採られていたが、1891年には学級制になり、追って1900年から現在の学年制になった。

話が少し横に逸れるが、日本の植物学の父と呼ばれる牧野富太郎の生い立ちを読んでいると、当時の様子が少し垣間見える。先の教育法令が公布された頃、彼は10歳。高知で酒造りと雑貨店を営む旧家に育った富太郎は、開設されてまだ2年目の地元の小学校に入学している。しかし学校で教わることに物足りなさを感じて退学。そしてその1年後に同じ学校の先生になり、以後約2年間教えている。

小学生が「物足りない」という理由で退学したり、年齢にかかわらず教える立場に就いているその様子に、国が学校を整備する以前にあった寺子屋のノリというか空気感が見てとれる。今の常識からすると「え？」という感じだが、常識は時代背景

牧野富太郎
1862〜1957年。高知県出身。「日本の植物学の父」と呼ばれる。小学校中退ながら理学博士の学位も得た近代植物分類学の第一人者。『牧野日本植物図鑑』など多数の著作を残す。

に応じて姿を変えるわけで、現在のそれが最終形でもない。

話を戻す。その後、富国強兵といった言葉に象徴される、国づくりのための教育がつづいてゆくのだが、明治が終わって大正期に入った1910年代から昭和初期の1930年代に、大正自由教育運動と呼ばれる一連の動きが生じた。これは、教科より子どもの自発性を重視するもので、成城小学校、明星学園、自由学園などにおける教育実践がその代表格。1919年にはアメリカからデューイも来日して、東大で数回の講演が行われた。教育改革の動きは一度熱を帯びた。

が、満州事変（1931年）に向かう軍国主義の中で、次第に圧力がかかるようになる。1941年の国民学校に到って、国のために奉仕する人間を形成する皇国民教育が全面化。この国民学校では越境入学が厳しく制限された。公立校に見られる現在の学区制は、ここに端緒を持つ。

そして第二次世界大戦が終結し（1945年）、アメリカ教育使節団が来日。日本の教育の民主化が求められ、再びデューイの教育思想の潮流が日本に入りなおしてくる。

1947年に文部省が提示した学習指導要領は、表題に「試案」の二文字が明記されていた。これは、学校や教師によって独自のカリキュラムづくりが進められることを促す、文部省の姿勢表明でもあったようだ。

無着成恭が山形の山村で行った「山びこ学校」の作文指導や、前出の大村はまの国語教育がその具体的な一例だが、当時の調査によると、日本全国の約八割の教師が、自らの工夫による単元学習の授業を展開していたという。彼らの熱意の底には、前の時代の教育が戦争に加担してしまったことへの内省があったのではないかと思う。

ところが戦後の日本は加速度的な高度成長期に入り、子どもの生活経験や自主性に重きを置いた教育は知識が断片的で系統性に欠ける、という指摘を受け始める。成長期の社会を担う人材育成はこの種の教育には期待できない、という判断だろう。

アメリカ教育使節団
GHQの要請で1946年と1950年にアメリカ合衆国から派遣される。民主制教育の導入を促し、彼らの報告書に基づいて戦後の学制改革が進んだ。

無着成恭
1927年生まれ。禅宗の僧侶であり教育者。山形県・山元小中学校で、国語教育として生活綴り方運動に取り組む。文集を『山びこ学校』（青銅社、1951年）として刊行し、ベストセラーに。追って明星学園教諭に就任。「全国こども電話相談室」の回答者を28年間務めた。

ちょうどこの頃、アメリカ社会でも子どもたちの学力低下が問題視され始めていた。1950年頃にはルドルフ・フレッシュという哲学者による、『ジョニーはなぜ読み書きが出来ないか』という著作が世に問われている。そして1957年、先にも述べたスプートニク・ショックが生じ、ブルーナを中心に体系的な教育が提唱されて、日本もその後を追う。

1958年に文部省が提示した学習指導要領には、もう「試案」の二文字はなかったようだ。全面的な改訂が行われ、教科書の内容は再び国が管理する形になり、教師による自律的な教育実践は減少方向へ向かう。

1989年の指導要領の再改訂では、観察や実験を通じた問題解決能力の強化が求められた。これは受験競争と詰め込み教育の揺り戻しで、以前の単元学習に期待されていた「総合的な学習」が謳われた。

が、その実践を担う力のある教師は、以前ほどはいなかったと思われる。試みの時間もあまり取れないまま、2000年前

総合的な学習
児童、生徒が自発的に横断的・総合的な課題学習を行う時間。2000年から段階的に始まった。体験学習や問題解決学習の重視、学校・家庭・地域の連携を掲げる。客観的に評価出来る教科学力の向上には寄与しないため、学力低下論の中で劣勢に。

後から学力低下が叫ばれるようになり、教育の振り子は再び「教える」側へ。人が自ら「学ぶ」ことに重きを置く教師や学校は、自分たちなりの試みを重ねながらあらためて互いのネットワークを形成している。現在はそんな状況だろう。

ここで、併せて一緒に使われることの多い「ワークショップ」と「ファシリテーション」という言葉の関係性について、思うところを少し述べてみたい。

高田さんがアメリカ社会について語った「強さと自由」の二軸は、政治的には「統治と自治」に。教育や学びの現場における関与者の姿勢としては、「待たない」と「待つ」という二つの姿勢に置きかえることが出来ると思う。先の日本の教育史のダイジェストにも、これら二つの間を行き来する振り子の動きが見てとれる。

この「待たない」と「待つ」という姿勢・態度・立ち位置は、教育だけでなく子育てにおいても、医療においても、ワークショップにおいても、夫婦の関係や恋愛の只中にも、人が人にかかわってゆく全ての仕事や働きの中にあらわれる。

そしてファシリテーションの技法は、「待たない」ことにも「待つ」ことにも、どちらにも使うことが出来る。たとえば、ファシリテーション（facilitation）は「促進」と訳されることが多いが、何を促進するのか？

極端な喩えになるが、ヒットラーの宣伝大臣だったゲッベルスは、ラジオや映画等のメディアの力、さらにベルリン・オリンピックやスポーツ宮殿における総力戦演説などの式典の場を使って、人々の心と力をある方向に促進した。

彼の立ち位置は「待たない」である。総力戦演説が行われた頃、第二次世界大戦における戦況はナチス・ドイツにとって悪化しつつあった。「それはプロパガンダの話で、ファシリテーションの話ではない」と言うむきもあるかもしれないが、どんな名前で呼ばれようと、根底にあるのはコミュニケーション・スキルと人間理解だ。

ゲッベルスも、当時のドイツの人々の中にまったくないものを新たに注入したり植え付けたわけではないと思う。おそらく

総力戦演説
シュポルトパラスト演説。1943年2月18日、ベルリン・スポーツ宮殿で、選ばれた観衆の前で行われた宣伝相ヨーゼフ・ゲッベルスによる演説。第二次世界大戦におけるナチス・ドイツの敗色が濃くなっていた状況のもと、国家総力戦に対する積極性をドイツ全土に与えた。

彼の目にはありありと見えていたものが人々の中に先んじてあって、その部分に力を与える工夫を、あの手この手で講じたのだろう。人の中にある、まだ顕在化していない傾向や力にかかわり、それをある方向に整えながら促進したわけで、教えるのがとても上手い予備校の名物教師も、オーケストラの指揮者も、ボトルを入れさせるのが上手なホストもみなファシリテーターだ。そう考えるほうが、ファシリテーションという働きを成り立たせているものがよく見えてくる。

ファシリテーションを、民主主義や公平な社会を実現するための手法として語る人がいるが、僕はそうは思わない。ファシリテーションはあらかじめ方向性を持たない、どうにでも転ぶただの力だと思う。

しかしゲッベルスを引き合いに出した先の式典のたぐいは、方向性や、得たい成果があらかじめ決っている点においてファクトリー（工場）的だ。おそらく参加体験型のイベントだったと思われるが、ワークショップ（工房）的ではない。

つまり、「ワークショップ」と「ファシリテーション」は一緒に並ぶことが多いが、ワンセットの概念ではない。ワークショップよりファシリテーションのほうが汎用性が高く、どのような目的にも使うことが出来る。白魔術にも黒魔術にも。

そこで問われるのは、ファシリテーターの願いや意図や目的であり、倫理観であり人間理解であり、人の時間や力を扱うことについての覚悟やわきまえであり、くり返しになるが、その目に「人がどう見えているか？」という視力や眼差しの話になるのだと思う。

西田真哉さんにとってワークショップとは何か？
【2008年夏・東京】
自分に素直に動ける人が、少しでも増える手助けをしたい

「ワークショップとは何か？」という問いを片手に歩んできたこの章の最後に、西田真哉さんのインタビューを載せようと思う。

第1章に掲載した中野民夫さんのインタビューは、2008年に開催した「ワークショップとは何か？」という2日間のプログラムの中で交わしたもので、その時のもう一人のゲストが西田さんだった。

僕が初めて西田真哉さんに会いに群馬の赤城山へ行ったのは、2000年頃だったと思う。彼は教育系のワークショップや研修分野における経験豊かなファシリテーターで、当時は民間から初めて採用された所長として国立赤城青年の家の運営を任さ

れていた。

以前は聖公会の牧師さんで、立教大学のＪＩＣＥ（キリスト教教育研究所）を通じて体験学習の世界に出会い、企業を対象にした研修セミナーに数多くかかわった後、大阪にＳＭＩＬＥ（聖マーガレット生涯教育研究所）という組織を立ち上げた。途中、教会の付属幼稚園で園長先生を務めていたこともあるという。インタビュー時はトヨタ白川郷自然學校の校長職を務めながら、日本・中国・韓国の各地で、人と人、人と組織、人と自然のかかわりを扱う研修を手がけていた。

ちなみに「ワークショップとは何か？」という問いについて前出の高田研さんは、「粉川哲夫の言う『その場に居合わせる者がすべて能動的な自己変革者になるような場』とこたえるようにしている」と書いていた。僕なら「互いの存在をいかして本人が本人のことに取り組む、試みと創造の場」と書くだろうか。西田さんはどうだろう？

二十数名の参加者はこのインタビューに先駆けて、彼が「古

ＪＩＣＥ
２２７頁の注釈を参照。

新生会ＨＡＬＣ自然学校校長（２０１４年７月現在）。

粉川哲夫
１９４１年生まれ。批評家、映画評論家。「自由ラジオ」の提唱者。

典的」と呼ぶ自己啓発ワークショップを2日間にわたって体験。一連のプログラムが終了した夜の時間にインタビューは行われた。

――西田さんは、〝ワークショップ〟をどう整理していますか?

西田「構成的／非構成的」という縦軸と、「エクササイズを用いる／用いない」という横軸を持つ座標があるとしますね。

今回、私たちが体験した自己啓発ワークショップは、「構成的」で「エクササイズを用いる」ものでした。下図の左上の領域です。

――構成的というのは、進め方や組み立てをファシリテーターが用意している、ということですね?

エクササイズ
小さなゲームや参加体験型のワークなど、ファシリテーターが提示して参加者が取り組むプログラムを指す。アクティビティとも呼ばれる。

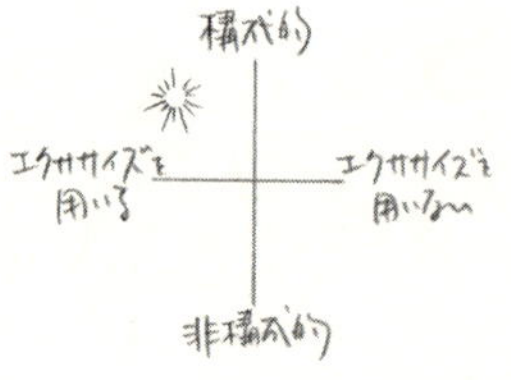

西田 まあそうです。カール・ロジャースの流れを汲む日本の非構成的エンカウンターグループは「非構成的」で「エクササイズを用いない」ものだからその逆で、右下の領域です。一方、國分康孝さんや横浜国大の伊藤博さんは「構成的エンカウンター」と呼ばれるものを展開なさっていて、名前は似ているけどこの座標軸で見ると立ち位置は真逆です。「構成的」で「エクササイズを用いる」。ただファシリテーターによっては、非構成的エンカウンターグループでも、突然エクササイズを使うこともあるんですよ。

私が携わってきたTグループは、いろんな性質の場面が混ざっています。全体は「構成的」ですが、中心となる体験は「非構成的」かつ「エクササイズを用いない」グループセッションで、エクササイズを使って学びを促進したり、ふりかえる時間もある。時間の進行にともない、この座標の中で軸足を移してゆきます。

こんな整理もあれば、また別に「ディレクティブ／ノンディレクティブ」という軸で分けることも出来る。

非構成的エンカウンターグループ
心理学者のカール・ロジャース（171頁の注釈を参照）がカウンセラー養成の手法検討の中で開拓した、グループ・カウンセリングの方法。詳しくは第3章で。

國分康孝
1930年生まれ。心理学者。カウンセリング心理学専攻。論理療法を日本に紹介。1967年頃から構成的グループエンカウンターを開発。学校を中心に普及。日本国内では「エンカウンター」と言うとき、ロジャースの非構成的エンカウンターグループでなく、彼のグループエンカウンターを指すことが多い。

——指示・指導的なものと、非指示・非指導的なもの。

西田 ロジャースの流れを汲む正統派の非構成的エンカウンターグループのファシリテーターには、指示的であることを特に避けて、「ノンディレクティブ」であろうとする傾向がある。

あとね、ワークショップは「参加体験型プログラム」と呼ばれることがありますが、こんなふうに細かく分けることも出来ると思います。

・受講型、受身型
・参加型
・参加者主体型

「受講型、受身型」は、ただ体験すればいいようなもの。一般的なレクチャーはここに含まれます。「参加型」は、参加意識

西田真哉
1946年、大阪府生まれ。

がより高いものを指す。だからもし参加者が「やらされている」と感じるものなら、それはファシリテーターが参加型だと言っていても「受講型、受身型」やね。「参加者主体型」は、さらに積極的な参加意識で進んでゆくものを指します。

講義形式の「受講型、受身型」は一度に大勢が参加できます。展示もそうですね。でも参加者同士のかかわりや学びが深い場であるとは言えない。それはやはり人数が少ないほうが成立しやすい。

たとえば自然体験のガイドウォークは、いっぺんに大勢を連れて歩けませんわな。参加も体験もしているけど、どちらかというと参加意欲が高いというより、ついて回っているような受け身の参加者のほうが多いでしょう。つまりこれは「受講型、受身型」ということになる。

でも質問や応答を大事に扱えば、それだけでも「参加型」になっていくわけです。普通の学校の授業でも、質問が許されていたり、やり取りが成り立つ場であれば、単なる一方通行の講

大学から神学校に進み牧師に。神学生の教育手法を模索する中、体験学習法とその先達にあたる柳原光氏と出会う。後年、大阪に聖マーガレット生涯教育研究所（SMILE）を設立。Tグループ、体験学習法セミナー、ファシリテーター・トレーニング、環境教育ワークショップなどラボラトリー方式のプログラムを提供。文科省や環境省、自治体、企業等の講師をつとめる傍ら、中国でも環境教育と体験学習法の研修会を実施。
Photo: Kyosuke Sakakura

義ではなくて実は「参加型」に移っているわけです。

――なるほど。

西田　イギリスにね、身につく学びについて「聞いたことは忘れる。見たことは憶える。体験したことは理解する。発見したことは活用できる」という意味の諺があるそうです。

単に体験するだけでは、学びにならない。それを次の経験に活かせてこそ、学びになるわけです。「今・ここ」での体験をもとにした気づきにこだわって、それを分かち合ってね。その解釈から次の行動へ向かってゆく循環過程として構造化された教育方法が、体験学習法です（参加者主体型に該当）。

でも日本の教育現場では、理科の実験のようにあらかじめ答えや結論が見えている単なる参加型の体験学習が、それと混在して実施されています。

――体験して、「わかりましたね？」と言われて進んでいく感じですかね？

西田　ええ。ところが、先の三つのどれでも説明できないと。

・受講型、受身型

・参加型

・参加者主体型

・参画型　　↑追加

「参画型」と表現するものこそワークショップではないか、という意思表示をする人たちがある頃から随分出てきました。積極的な参加性があるとはいえ、「参加者主体型」も、基本的にはファシリテーターのリードによるものですからね。

――いつ頃ですか？

西田　もうだいぶ前やな。「知識や情報が少なく経験や背景がバラバラでも、めいめいが持っているものを持ち寄って、何か新しいものを生み出すことは出来る。そのようにしてなんらかの成果を分かち合って帰れるのが、本当のワークショップだろう。それは『参画型』と呼ぶべきじゃないか」という視点です。

参画型のワークショップでは、学びを促進するためにファシリテーターがあまりいろんなことをしない。仕組みだけつくっておいて、後は参加者同士でやってもらうもの、という区別を僕はしています。

——先の軸をふり返りながら考えると、「参画型の場づくりはディレクティブにはできない」。この理解でいいですか?

西田　方向づけをしないからね。「場の提供」になる。すると企画した人やファシリテーターも、中に入ってしまわないといけなくなりますよね。

「ワークショップ」という同じ名前がついていても、本当にいろいろなものがあるわけです。あまり批判するのはよくないんやけど、たとえば「貿易ゲーム」って知っていますか？　環境教育や開発教育で使われる、ゲーム形式のアクティビティです。どういう結果が出るか最初から決まっているゲームなんですね。そういう仕掛けになっている。

あれを参加体験型（先の分類では参加者主体型に該当）と言ってやっている人がいますが、どうなんでしょうね。体験を通じて、ある考え方やものの見方をより明確に理解できるものだし、効果も価値もあるだろうけど、少なくとも「参画型」ではないし「参加者主体型」とも言えないと僕は思います。よくできたアクティビティだけど、位置づけは整理しておきたい。

そんなことを個人的にいろいろ考えていた時期があったんよ。ネイチャーゲームはどのへんかなとかプロジェクト・ラーニングツリーはこのへんかなと、いろいろ落とし込んでいた。10年前ぐらいのことや。

――これらの整理軸は、西田さんのオリジナルですか？

プロジェクト・ラーニングツリー　西部地域環境教育協議会と米国森林研究所が、1973年に開発した環境教育教材。アメリカで広く普及しており、日本でも90年代前半から各地で研修が行われた。

西田　いや、この20〜30年の間にいろんな人がやってきている。「自分が言った」みたいな顔をしている人も中にはいますけど、どうかな。少なくとも僕のは、いろんな人の整理を自分なりに調整してみただけのもの。だから著作権は誰にもないと思っています。

——たとえば地域活動について考えてみると、参画型のさらに先にはもう「ワークショップ」とは呼び難い時間が現われてくる気がします。ワークショップというより、日常の中の営みになるというか。

西田　そうやね。たとえば森づくりなら、もう「作業」とか「活動」という感じになってくるね。

内容には介入しない

——先ほど、参画性の高いものが本当のワークショップなんじゃないか？　とお話しになっていましたが、西田さんが手がけているのはその類のものばかりではないですよね。今回体験した古典的な自己啓発ワークショップも、あらかじめ用意された研修プログラムだったし。

西田　研修のようだけど、鞄に入れて持って来たものをこの場で組み合わせてつくりました。「今・ここ」でつくっているという意味では、自分にとって研修でなくワークショップですね。

――ファシリテーターとしての西田さんは、ワークショップの中で何をしているんだろう。研修であれワークショップであれ、同じく大事になさっていることは何ですか？

西田　中味には絶対に介入しないようにしています。

――参加者が語る内容や、めいめいの気づきについて？

西田　はい。内容（コンテンツ）には立ち入らない。別の言い方をすると個人には介入しません。少なくともやっている最中は。エクササイズを提示するというのは、舞台を用意することで、そこに参加者が上がるわけです。その舞台の上には介入しない。

――なぜ介入しない？

西田　メンバーにとって操作になる可能性が出てくるからですよ。ファシリテーターがその意図を持たなくてもね。かつて社会問題化した人間改造セミナーなどでは、エクササイズを用いながら、主催者側の目論みに誘導するような介入が積極的に行われていました。彼らは内容に介入していくんです。

参加者　「自己変革することで世界は変わる」と伝えてくるワークショップを時々見かけます。西田さんはどう思われていますか？

西田　いらっしゃいますよね、そういう方々。で、間違いのないことでしょうな。自己変革すればその人の世界観は変わる。そして世界観とは、価値観ですから。

でもポイントは価値変容を強要しないし、誘導もしないということです。自己啓発を売り物にしてきた人たちを僕はたくさん見てきました。彼らのことを非常に否定的に見ています。

僕はもともと、キリスト教の牧師だった。中でも教会教育が自分の担当領域でした。キリスト教の中にも過去には、布教や伝道の名を借りて価値観を押しつけるようなやり方がありました。でもやはり「学び」とは「経験」であって、その結果がクリスチャンとしての信仰に繋がってゆく。いや、そうでなかったなら人間として与えられたもの、それぞれの個性、一人ひとりが生かされている意味はないでしょう?

もちろん実習のふりかえりの段階になれば、気づきや学びを促すための介入をします。Tグループでもエクササイズではないパートでは、ファシリテーターがプロセス（過程）への介入を必要に応じて、時には積極的にすることもある。
でも、やはりコンテント（内容）への介入はしませんな。

自己一致・自己理解

——中野さんのインタビュー（前夜に行われた）では、ファシリテーターの「自己一致」が場をホールドするんじゃないか、という話がありました。西田さんはどう思われますか？

西田　一致と同じ話なんやけどね。心理学を学んだことのある人はわかると思うけど、「自己同一性」という概念があります。これは、ファシリテーターに絶対必要なものやと思います。「一致」というのは、自分が思っている自分と、現実的・客観的に周囲の人が判断している自分が一致しているということです。でもたとえばカウンセラーでも、そこが一致していない人はいるな。

自己同一性
セルフ・アイデンティティ。自分は何者であり何をなすべきかという、個人の内的な概念。発達心理学者のエリクソンが提示した、青年期の発達課題。

――一致していないと駄目なんですか?

西田　わかりやすくするためにわざと嫌な言い方をしますけど、自分が思っている自分と、客観的に判断できるその人が分離している状態は、一言でいえば分裂的です。

歪みが生じて一致しないというのは、なんていうか、自分の中に欺瞞性を感じている状態だと思います。客観的に見たらそうでもないことについて「自分はこうだ」と思い込んでしまっている。その悪循環が進むと、ますますズレてゆく。たとえば極端な自己卑下を抱えている人は、その人の中で自分が同一でなくて、ぐちゃぐちゃしているわけです。自信過剰というのも、もちろん同一性に欠ける。

――過剰っていうぐらいですからね。

西田　そのような状態では表現できないものがあるんですよ。このズレがあまり大きい人は、ファシリテーターに適さないでしょうね。極端に言えば誇大妄想的かもしれん。そういう人がファシリテートしたら、むしろアジテーションのようになるでしょうな。社会運動の領域にはそういう性質のものが多いと思うよ。

参加者　ファシリテーターは、あまり極端な価値観を持っているべきでないと思いますか？

西田　いや、どんなファシリテーターも当然それぞれの価値観を持っていますよね。その価値観が明らかにされていて、共鳴する人たちが集まっている。あるいは目的がハッキリしている。そういう場はそれでいいと思います。

でも価値観の押しつけはしたくない。僕はそういう誘導は絶対にしません。人がその人自身の課題や何かに気づくことが出来る場や、そのためのプロセスをつくることには注力するけど、評価的なことはしない。中味や内容に介入しないというのはそういうことです。

参加者　個人の気づきが、ただ個人のことに終始しないで、どう社会の変革につながってゆくのか。そのこととワークショップがどう関係するのかに、興味があります。

西田　僕が中心的にかかわってきたTグループは、アメリカで開かれたあるケースワーカーのワークショップから生まれました。いわば、社会変革のコアとなる人づくりをしようじゃないかという場所から生まれたものです。

１９４６年の夏にアメリカのコネティカット州で開催された地域社会のリーダー養成ワークショップで、主催者側のスタッフ・ミーティングに出席を希望した参加者たちが、そのワークショップの進行をめぐって交わされていたスタッフの見解に異議をとなえたそうなんですね。これが積極的に受けとめられて、体験学習法という新しい学習法の発見に繋がった。

で、ここが一つの起点だとすれば、ワークショップとは本来

ケースワーカー
社会福祉の援助技術を用いて、支援を必要とする人とその環境に働きかける専門職。19世紀後半のイギリスに起源を持つ。１９２０年代以降はアメリカで発達した。

的に、個人の参加を社会に繋ぐ一つのきっかけづくりであると言えます。

今や、いろんなワークショップがありますよね。ヒーリングや、アートや、中にはちょっと危ない世界のワークショップだってある。だから「すべてがそうなんだ」とは言えなくなっているけど、そもそものこの流れの始まりには、個人を社会に対して意識づける意図があったと僕は思う。現実的に機能する運動体をつくることや、そのコアになる人々をつくっていこうというのが、その出発点にあったと思います。

ワークショップの誕生と発展には、いろいろな歴史的潮流が絡んでいます。高田研さんの論文では演劇ワークショップが源流の一つとして大きく取り上げられていましたが、それだけじゃない。ある時期、同時多発的にいろんな誕生をしている。それはアメリカだからこそ出来たんだと思う。僕がファシリテーションを学んだ柳原光さんは、アメリカ社会から日本にいろいろな研修プログラムや体験学習法を持ってきた草分けです。

柳原光
1918〜1994年。立教大学キリスト教教育研究所（JICE）の所長を務めた、日本における体験学習・ファシリテーションの先駆者。

ニューヨーク生まれで、牧師であり、東大と京大で学んだ人でした。彼はワークショップでなく「グループ」と言っていましたね。「今世紀（20世紀）は人類が、グループによる社会変革に気づいた時代なんだ」とおっしゃっていた。

――どういう人が、ファシリテーターに向いているのでしょう？

西田 自分のありようを受け止め、そこで自分を肯定している人が、人にかかわるのは、ものすごく大事なことやと思う。

――自分を肯定している人が、人にかかわるのは大事なこと。

西田 ものすごく大事なことや。自分のことを否定している人が他人にかかわるのは、そもそもしんどいことやし、無理があるし、相手にとっても迷惑なことが多い。

自分の人となりについて疑問を抱かず素直に動ける人が、一

優れた個人でなくグループが社会的な成果を生み出す動きは、20世紀の後半から特に顕著になった傾向。NASAのロケット開発もサターンV型ロケットの頃はフォン・ブラウン博士が中心に立っていたが、スペースシャトル以降は特定の個人でなくグループが成果を出すようになった。

致している人です。私がやりたいのは、自分のことを好きなそんな人間が、世の中に少しでも増える手助けをすることやね。

3 人の見え方

「i」メッセージ

人の力を引き出すには？という当初の関心から「ファシリテーターは何をしているのか？」という問いを抱え、「そもそもワークショップって何だろう？」と探ってゆくうちに、教育の歴史にも少し足を踏み入れてしまった。

30代冒頭の必要性から始まった〝かかわり方〟の探索がその後どんな経緯を辿ったか、この10年少々をふりかえってみたい。

教室でまず最初に心掛けるようになったのは、「iメッセージ」で語ることだった。「自分」という主語のある言葉を使うこと。

「i」がないとメッセージは一般論になる。「人を殺しちゃいけないんだよ」と「自分は人を殺したくない」では、後者のほうが伝わるし健やかだ。それは反論というか、やり取りが可能だから。「i」が表明されていれば「あなたはそう思うんだね。

でも私はそう思わないな」と、互いの居所からかかわり合うことが出来る。つまりコミュニケーションが成立する。

主語のないメッセージは語る本人には楽かもしれない。その辺に転がっていた誰かの見解や常識を拾ってひょいと投げるようなもので、球そのものに自分が入っていない分、責任を意識せずに放つことが出来る。でもこのような質のかかわりがつづくと、子どもはグレやすくなるし学級もすさむんだよと、あるファシリテーターが教えてくれた。

同じことに触れる話を、佐藤雅彦さんは毎日新聞の連載「毎月新聞」の第1回に「じゃないですか禁止令」というコラムで書き上げている。「じゃないですか」という言葉づかいに含まれている〝一般論にすることで自分の居所をカムフラージュする感覚〟と〝暗に同意を求める感覚の巧みなずるさ〟に、ビシッと光を当てていた。

たとえば「女ってわからないじゃないですか」とか、「やっぱりインターネットなんてつまらないじゃないですか」と投げ

『毎月新聞』（佐藤雅彦著、2003年、毎日新聞社）

かけられて安易に同意すると、その瞬間に魔法がかかる。かけた側もかけられた側も、それぞれ自分の正体は明かさずに会話をつづけることが出来るただの話題の世界に入ってゆく。そこには「i」がない。

講演に慣れている人前で話すのが上手い語り手は、佐藤さんが「じゃないですか」という言葉を取り出して指摘した働きを他の方法で行っていることがあると思う。彼らは聴衆をある世界に連れて行き、そこでウットリさせたり感動させたりするのだけど、それをするために聞いている人を本人の居所から巧妙に切り離すことをしている。たいてい無意識に。洗脳の手続きもこれと似ている。本人を本人から切り離した後、別のものに接続するわけだ。

それを可能にするには、相手の拠り所を潰すか、強力に引き寄せるか、あるいは語る側が自分の居所から離れて動く必要がある。あり方はあり方に呼応するので。その状態で技をかけてゆくことになるのだけど、足場が不安定なのでリスクも高い。

「笑いを取りに行く」という言葉づかいがあるが、この「行く」には、自分の持ち場から少し離れる感覚が含まれている。この局面でスベった人を見ると、技をかけられそうになっていた人々は失笑とともに「痛い」とか漏らすわけだが、自分の持ち場を離れ、さらにスベっているそのありようは本当に痛々しい。

わたしはあなたではない

人の悩み事や逡巡に耳を向けていると、つい「アドバイス」をしたくなることがある。僕は学生から課題の相談などを受けている最中、時々そんな自分を感じることがあるのだが、そもそもアドバイスは有効なのか？　アドバイスという行為の無効性を、自分はよく知っている気がしていた。

他人がどんなにいいアドバイスをした（と思った）ところで、本人の行動にまったく繋がらないことは往々にしてある。投げ込まれた球がその人の課題解決にたまたま合致することはあるかもしれないが、基本的に本人は、本人の中から生まれた視点や動機でないと力を出すことが出来ない。少なくとも出しつづけるのは難しい。

私たち一人ひとりの中に「ハウルの動く城」で描かれるところのカルシファーのようなものがいて、その熱が動力となって一人の人間の全てを動かしていると思う。この熱源に繫がらない限り行動は持続しない。

一言でアドバイスと言っても、その質はさまざまだ。たとえば「ポートフォリオ(作品集)のページは切り離せるほうが、複数の面接担当者に同時に見てもらいやすいよ」というアドバイスと、「高い学費を払って一斉授業を受けているより、同じお金で『この人!』と思う人に個人授業をお願いするほうがいいんじゃない?」というアドバイスでは、後者のほうが本人の〝あり方〟により深くコミットしている。

まえがきで書いた山の図(34頁参照)の上のほうを〝doing〟、下のほうを〝being〟という二極で捉えると、being に近いア

ハウルの動く城
ダイアナ・ウィン・ジョーンズのファンタジー小説に登場する城。かまどの中の火の精(?)のような存在がカルシファーで、彼がその城の全てを動かしている。ジブリ(宮崎駿)が同シリーズの『魔法使いハウルと火の悪魔』を原作にアニメーション映画を製作。

ドバイスほど本人の働きに深くかかわることになる。免疫系がそれを受け入れて本人の存在やあり方に着床しない限り、どんなにいいアドバイスもアイデアも芽吹かない。「ｉメッセージ」で語ることの重要性やアドバイスの無効性の認識は、要するに「あなたはわたしではないし、わたしはあなたではない」というわきまえの枝葉だ。

ところで教育（education）という言葉の語源に「引き出す」という意味合いが含まれているのは有名な話だと思う。このことをもって、「その主体は学ぶ側にある。教育でなく〝学習〟という言葉を使うべき」と語る人に出会うことがあるけれど、僕はそうは思わない。学ぶ本人を中心に据えた学習観にはもちろん賛同できるが、少なくとも「引き出す」という言葉の主体は当の本人でなく、言葉どおり引き出す側にある。

引き出す側、つまり教育する側は、今後こういう人間が必要なんじゃないか？という考えを練り、「こんな人になってみませんか？」というイメージを伝え、それに合意した人々が生徒

education の語源はラテン語の「educatio」で、「子どもの資質を引き出す行為」という意味合いであるという説が現在一般的。ただし、同じくラテン語の「educere」（連れ出す、導き出す）や「educare」（育てる、躾ける）にも語源を辿れるようで、これらを視野に含めると「引き出す」に結びつける主張の根拠は薄くなるようだ。

として集まる。美大のデザイン科なら、こんな社会を具体化するためにはどんな人材が必要か?というビジョンの検討があって、初めてカリキュラムを設計できる。

しかし今、これからの社会については誰もが模索中で、明確な合意はないと思う。カリキュラム設計の土台になるものがない。

もしそうであるなら、問題の処理能力が高い人間より、問題を自ら見つけ出したり自己設定できる能力の高い人が求められることになる。先ほどの「20%=80%」のグラフで言えば、最初の20%のワークショップ的なステージで、よりいきいきと機能する人間が必要になる。少なくともこの程度の課題設定は出来るんじゃないか?

が、そんな整理をしたのは後年のことで、30代前半の僕は、どんな意図をもって学生たちにどうかかわればいいのかわからないまま、とりあえず右も左もわからないけど手がかりを求めて、目についたワークショップへの参加を始めていった。

スパゲッティで構造体をつくると

そんなある日、併行して始めていた「働き方研究」の一環で、NECのデザイン部門の社内向けワークショップを取材する機会を得た。これはNEC社内のデザイナー、エンジニア、プランナーなど、製品開発にかかわる異なる部門の人材を一ヶ所に集めてデザインプロセスとイノベーションを学ぶ数日間のプログラムで、講師としてアメリカのデザインファーム・IDEOのスタッフ数名が来日していた。

IDEOの本拠地はサンフランシスコの南のパロアルト。すぐ近くにスタンフォード大学がある。この大学の工学部にはエンジニアの創造性を重視する教育の伝統があり、彼らは同工学部とのつながりが強い。教育機関を出自の一つとして持つIDEOは、自分たちのデザイン手法を企業秘密として抱え込まず教育資源として提供してゆくことに躊躇がない様子だった。その頃はNECのほか、エプソンやスチールケース社にもそのノ

IDEO
世界的な影響力を持つデザインファーム。プロダクトデザインを中心に、ソフトプランニングから情報デザインまで幅広く手がける。昔のマイクロソフトのマウスやPalmtopも彼らの仕事。デザイナーの深澤直人さんも在籍していた時期がある。

ウハウを提供し始めていて、一連の活動をＩＤＥＯＵ（IDEO University）と呼んでいた。

ＩＤＥＯＵのメンバーは、「ワークショップは一社ずつオーダーメイドでつくっていて、開発にはとても時間がかかる。課題やアクティビティはどれも自分たちでも一度やってみて、修正を加えてから持って来ています。費用的にはまだトントンですね」と話していた。

数名のＩＤＥＯＵスタッフと十数名の参加者によるワークショップは、挨拶もそこそこに、二人一組で取り組むショートプログラムに入った。「スパゲッティ・キャンティレバー」と呼ばれるワークで、もともとはスタンフォードの工学部で開発されたものだと聞いている。１本の長机に二人一組で座り、各組に次の素材が渡される。

・パスタ１束（９分茹で程度の太さ、分量は一人前程度）
・ドラフティングテープ（１巻き）

・糸（普通の木綿糸・1巻き）
・ハサミ

渡された素材を自由に使って、ある条件を満たす構造体を二人でつくる。机の縁から、床に接する支えが無い状態で水平方向に伸びるキャンティレバー（片持ち梁のような構造体）の長さを競うシンプルなもの。時間は30分と短い。

やってみるとわかるのだが（たまたま欠員があり体験させてもらった）、これはデザインやモノづくりにおける重要なポイントを短時間に圧縮して体験できる、とてもよくできたワークだった。めいめいの価値観や行動パターン、そして課題が如実に表れる。

30分後に合図が鳴ると部屋のあちこちで歓声が上がる。他のペアの成果を見渡すと、急場しのぎのつくりだが、とても長く持ち出しているもの、緻密に考えたようだけど途中で企画倒れに終わったとおぼしきものなど、それぞれの30分間のあり様が

授業で取り組み中の学生
Photo: Kyosuke Sakakura

窺える。みんなまだアドレナリンの分泌が止まらないようで、「こうすればもっと！」とか「あそこでああしていたら！」と口々に漏らしながら生々しい体験をふりかえっている。

しかし、パスタで構造体をつくるプロの育成が目的ではない。この集中的な体験から、他のさまざまなことにも当てはめることが出来る普遍的な学習ポイントを抽出できるかどうか。


実際にやってみたい人もいると思うのでこのワークを通じて得やすい学習ポイントの細かい紹介は省くが、ＩＤＥＯＵがここで参加者全員に伝えたかったのは「早い段階で無数の小さな失敗を重ねることの価値」だ。アイスブレイクを兼ねた導入ワークとして、３日間全体をかけて最も共有したいことを体験的に、インパクトをもって伝えようとしていた。

一息ついた後、ＩＤＥＯＵのメンバーから「失敗」に関するミニレクチャーもあり、彼らのデザイン哲学は僕にも深く染みた。目から鱗が落ちるような体験だったし、この時の学びは今でも自分のモノづくりや考え方の支えの一つになっている。教え方についても「知識や考え方を言葉で先に伝えずに、まず体験をつくってそこから学びを促す。こんなかかわり方があるんだ！」と、興奮しながら家路に着いたのを憶えている。

それからしばらくの間、多摩美を始めいくつかの大学の授業やワークショップで僕はこのスパゲッティ・キャンティレバーをさかんに使った。学生や参加者も楽しんでいたと思う。しかし、僕の中にあった学生たちへのかかわり方をめぐる逡巡は、逆にますます強くなってゆくのだった。

気づきは誰のもの？

面白い実体験から学ぶワークは盛り上がるし、参加者も目から鱗が落ちたようになる。でもこれは「問題の処理能力ではなく、問題を見つけ出す能力の高い人間を育てるには？」という先の自問には十分に応えていない。

ＩＤＥＯのワークショップは企業の教育プログラムの一環と

して行われた。そこにはあらかじめある種の〝望ましさ〟がある。よりクリエイティブに問題を解決できる人を、極めてスマートに、かつ楽しいやり方でつくり出そうとしている。

でも自分が探しているのは、より上手な「行動習慣や価値観の注入方法」ではない。その人の中にある〝なにか〟を、本人が取り出してくるためのサポートの技法だ。

スパゲッティ・キャンティレバーは、とても良く出来た素晴らしいエクササイズだと思う。「教える」というかかわり方について双方了解がとれていれば、その利用は全くもって構わないものだとも思う。

むろん現代の大学も「教える」ことを約束している。本来の大学の意味はともかく、教えて然るべきではあるのだけど、自分が携わろうとしているのは「〝こたえ〟を学生本人が持っている製作プロセス」だし、「何を教えて欲しいか？」を先にヒアリングして、それに応える形でカリキュラムを用意しているわけでもない。

レストランに喩えると、お店に入る時点で既に料金が徴収されていて、出てくる料理をあらかじめ選ぶことは出来ず、しかも残さずに食べなければならない。細部で異論はあるかもしれないが、これが大学が提供している教育商品の姿だと思う。料理に該当するカリキュラムや課題は、教える側から「こういうのが必要でしょ？」と半ば一方的に差し出される。ある意味一方通行のスタートだ。

にもかかわらず、スパゲッティ・キャンティレバーは自分に極めてよく効いた。それはその時の僕に受け取る準備が出来ていたからだ。

全力を投入してものごとに取り組めば、その経験を通じて本人には必ずなんらかの気づきが生じる。そして同じ30分の体験でも、その中から生まれる気づきは一人ずつ違う。その一つひとつを個別に扱う枠組を持たずに、あらかじめ用意しておいた「このことに気づいてほしい」という学習ポイントを与えてしまうのは、傲慢なことのように思えてきた。それがどれほど正しく、良いものだとしても。体験によって柔らかく耕された土に、そこでは育たないかもしれない苗を植える行為のような気がして、だんだんモチベーションが下がってしまった。

『風姿花伝』という本がある。能という芸能を切り拓いた観阿弥の息子・世阿弥が書き残した芸事の心得帖で、「秘すれば花」や「離見の見」など、人心をつかみ、芸を極めてゆく仕事を手がけている人には、分野の違いを越えて目が覚めるような話がまとめられている。

この本は明治42年にある大学の教授によって現代語に直され、以来多くの人に読まれるようになった。が、それ以前は秘本で、能のお家元の人たちも若いうちは読むことを許されなかったという話を以前聞いたことがある。歳月を重ね、芸については十分に研鑽したと思える頃になって初めて紐解く。そんな書物だったようだ。

秘本とされてきた理由は何だろう。経験が十分でないうちに

風姿花伝
世阿弥による能の理論書。芸の神髄を語る「幽玄」「物真似」「花」といった概念の典拠。早稲田大学の吉田東伍教授が『能楽古典世阿弥十六部集』として発表（１９０９年）。通称の『花伝書』は誤称。

他人が整理した言葉や視点、価値観や要所を得ると、むしろそこで失われてしまうものがあるということ。たとえ内容が本質的で真理を突いていて、きわめて普遍性の高いものであっても、他人の言葉を通じて知ることと、自分の経験を通じて感じ、摑み取ってゆくことの間には大きな隔たりがある。場合によっては、それは損失にもなりかねないということを、あの書物を受け継いでいた人々は重視していたんじゃないか。

いわば『風姿花伝』はリマインダーで、生きた経験を持っている人が、その中で摑んできた勘どころを忘れないためのトリガー集として編まれているのでは？ 少なくとも入門書ではなさそうだ。

「気づき」は、本人が自ら気づくところに価値と尊さがあると思う。

でも、出来るだけ最短コースで間違いのないことを得たい人たち。本質と呼ばれるものを摑みたい人たちは、用意された情報に気軽にアクセスしてゆくし、体験的に獲得できそうなワークショップに参加してゆく。人の勝手なのであまりとやかく言うべきことではないけれど、よく練られた型を通して学ぶことと、せっかくの経験を既知感の中で矮小化しかねない学びの違いについて、学ぶ側は慎重であるほうがいいと思う。むろん提供する側も。

知るとはどういうことだろう？

今このくだりを書きながら、脳科学の世界でしばしば引き合いに出されるナディアという女の子の話を思い出している。

彼女はサヴァン症候群で自閉傾向があり、言葉を喋ることが出来なかった。しかしそのかわり絵が得意で、4歳の頃から写実的な絵を描いていた。特に馬が好きで、馬の一頭一頭ごとの違いまで表現していたという。同年代の子どもが描く、首が長く、たてがみがあって…という記号的な馬の絵とは一線を画した克明な描写力に、周囲はとても驚いていたそうだ。

ナディアは8歳を過ぎた頃から集中的に教育を受けるように

サヴァン症候群
知的障害者や自閉性障害者のうち、特定の分野で天才的な能力を発揮する人、および症状を指す。

ナディアが5歳の時に描いた馬の絵は『脳の中の幽霊』（V・S・ラマチャンドラン＋サンドラ・ブレイクスリー著、1999年、角川書店）で見ることが出来る。

なり、多少の言語能力を得た。と同時に、彼女の絵は以前の克明さを一気に失ったという。

科学的に証明されていることではないが、原因は抽象概念とリアリティの関係性にあると思う。「馬」という文字を読んだ時、読み手の頭の中にはなんらかの馬のイメージが生じる。しかしそれは抽象的な「馬」で、リアルな馬ではない。リアルな馬は一つの馬像に集約できない。必ず一頭ずつ異なる細部と存在感を持っている。

言語能力を得る前のナディアはそのリアルな世界を生きていて、馬は馬である前に、固別性を持つ存在だったはずだ。その一頭一頭を「馬」ではなく愛おしい細部を持つ生き物として感覚的に認知していたが、言語能力を得たことで抽象概念の「馬」が優勢になり、以前のようには見えなくなってしまったのだと思う。

下手に概念を与えると、あるいは得ると、良くも悪くも世界の見え方が変わってしまう可能性がある。たとえば葉っぱを描く時どこから描くだろう？　外形線から？　葉脈から？　1本の樹を描く時も、好きな細部から描き始める人は素人か、よほど感覚的に動く人で、多くの人は茂っている枝葉の固まりと、幹と、地面の関係あたりから描き始めるのではないか。そのほうが描きやすいから。絵は、概念と手先だけでもある程度描けてしまう。

僕は中学生の頃すこし漫画を描いていて、事物を簡略的に捉えるのが得意になっていたせいか、美大に入る前の予備校の石膏デッサンや静物画で苦労した。それっぽいものはパッと描けるのだが、そのものをよく見て、見えている通りに描くことが出来ない。特に初めの頃の石膏デッサンは悲惨で、顔、特に目を描き始めたとたん漫画になってしまうありさまで。

先生からは「よく見て描け！」と何度も言われた。「自分が描いている手元の絵じゃなくて、石膏や静物のほうをちゃんと見るんだ」とか、「もう手元は見なくていいから、モノのほうだけしっかり見て、その輪郭をこれ以上描けないぐらい正確に、ゆっくりなぞってみなさい」と言われていたのを思い出す。

先日、弘前に無農薬の林檎づくりを手がけている木村秋則さんを訪ね、農園の木陰でゆっくりお話をうかがう機会があった。

彼は「土が林檎をつくっているんです」と言う。まわりにある他の農家の林檎園は下草をきれいに刈っていて、雑草はあまり生えていない。が、木村さんの林檎園は雑草だらけで、その雑草の根の働きで土はたくさんの空気を含み、ふかふかしている。

木村さんが「農園を訪ねて来る人たちに自由に歩いてもらっていたんだけど、やっぱり土が固くなっちまった。樹に咲く花も少し減った。だからあまり歩き回らないで欲しいんです」と言う。

「積もった雪の上を歩いたことありますか？　足跡がついて雪が固く踏みしめられますよね。土もそうです。固まるのは表面だけじゃない。ふかふかしている土を踏むとね、地面の中は下30センチまで同じように固まっているんです」と話しているの

木村秋則
1949年生まれ。世界で初めて無農薬・無施肥のリンゴの栽培に成功した人物。青森県・弘前に林檎園を持つ。石川拓治による『奇跡のリンゴ——「絶対不可能」を覆した農家・木村秋則の記録』（幻冬舎）など、関連図書多数。

Photo: Chiho Akimoto

を聞きながら僕は、「この人は掘ったんだ」と思った。「実際に掘って確かめたんだ。しかもたぶん、何ヶ所も掘っている」と思い、思わず息が深くなった。

彼が最初に「土が林檎をつくっている」と言って土の重要性を語り始めた時、僕の頭の中には「野菜づくりは、土づくりから」といった、どこかで読んだ記事の見出しのような言葉が浮かんだ。

農業の基本が土であるという話や、過去の文明が土壌を駄目にして滅びていった話を思い起こしながら、「そのことは知っている」という感覚が現れ、でも木村さんがそれをどう語るのだろうと注目しながら聴きつづけていたら、先の「地面の下30センチまで固まっている」という語りに出くわした。

自分にもしばしば見かけられるのだけど、誰かが何かについて語った時に「あー○○ね、知ってる知ってる」と返すリアクションがあるが、この戻しは本当にダサイと思う。この「知っている」は、大抵「情報として一応知っています」とか「おさえてます」というレベルのもので、木村さんの土の知り具合とは格が違う。

木村さんは、べてるの家の向谷地生良さんの本『技法以前』に掲載された巻末インタビューで「ファーブルさんとダーウィンさんが生物学のすごい太い柱になっていると思うけど、でもすべてが正しいとは思いませんよ」とも語っていた。小学生の頃に生物の教科書で「てんとう虫はアブラムシを食べる良い虫だ」と読んだけど、果樹園で見ているとアブラムシがてんとう虫をあまり避けていない。「実際に観察したらよ、1日に5〜6匹しか食べないことがわかったんだ」という話なのだが、これも脚立を立てて、アブラムシとてんとう虫の前に腰をおろして、彼らに意識されないようジッと動かずに虫めがねを構え、午前に4時間、午後にまた4時間観察してゆく中で「どうやら違うみたいだな」という確認に至ったのだと言う。「他にすることがなかったからよ（笑）」と笑っていたが、こ

『技法以前——べてるの家のつくりかた』（向谷地生良著、2009年、医学書院）

ちらは笑えない。『自分の仕事をつくる』の文庫の解説文に稲本喜則さんが〝ここに取り上げられた人々は、実物で試行錯誤する（わたしたちは得てして頭の中だけで考え、錯誤だけしてしまう）、体験して感じ取った何かを大切にする、（中略）「当たり前のこと」を大事にしている。〟と書いてくれたが、まさにそれだ。

木村さんの土の知り方は、僕のそれとはまるで桁が違うと思った。いや、たぶん木村さんは「知って」いない。何かを知ってそこで情報処理終了とはならずに、日々「知りつづけてゆく」ような形で、更新的にまわりの世界に触れている。

言葉は、経験に後から名前を付けるようにして生まれてきたものだ。でもその言葉や名前のほうを先に知ってゆく転倒が、今は容易に起こる。

生きてゆく上で最もかけがえのない感覚は〝初々しさ〟だと僕は思うのだけど、本人がよく見たり感じたり考える前にことの勘どころをわかりやすく伝えてしまうのって、どうなんだろう？

時間虫めがね

「気づきは本人のもの」と考えていたちょうどその頃。東京のある小学校で、３週間にわたるワークショップ的な授業を形にする機会を得た。

三脚にデジカメをセットして、30秒に一度シャッターが落ちるようにインターバル撮影を設定すると、24時間で約３０００枚の連続したＪＰＥＧ画像が出来る。それを動画ソフトに投げ込むと、パラパラ漫画の要領で数十秒に圧縮された１日分の早送り映像が出来る。

教室での１日目は、まず自分たちがつくったサンプル映像を見てもらった。時間の速度を変えると、普段は見えないものが見えてくる。じっとして動かない植物もこうして見るとすごく動いているし、生きている様子がありありと伝わってくる。

第１週　各班ごとに決めた被写体にカメラをセットして、24時間の連続撮影を開始。

「カメラは数台あるので、みんなもこれで何か撮ってみない？」と提案。生徒たち（当時小学校3年生）は四人ずつの班に分かれて、何を撮ってみようか？と話し合い、翌日ワンテイク24時間の撮影が小学校のあちこちで行われた。担任の先生はそのファイルを集めて、映像データに加工。

第2週は各班の子どもたちが、自分たちが撮った映像を初めて見る。体育館の前で育てていたプランターボックスのキャベツ、ベランダのキュウリ、教室の後ろで飼っている亀やクワガタ虫、校庭のケヤキなどの、数十秒に時間圧縮されたある1日の映像。彼らは自分たちが撮った映像に興味津々で、キーボードの矢印キーを押して全てのコマを見ている子も多かった。

そしてその中で気になったこと、気づいたことを班の中で互いに交し合い、調べ、3週目に映像と併せてクラスで発表する。2週目以降の「調べる」作業には小学校という舞台がよく機能した。いろんな分野に長けている先生がいるし図書室もある。この学校は都会にあったが、飼っている生き物も多く、コンピ

日本科学未来館 東京・お台場にある科学博物館。2003年に開催された展覧会「時間旅行展（Time! Time! Time!）」に、西村佳哲とリビングワールドが、企画及び展示制作で参画した。

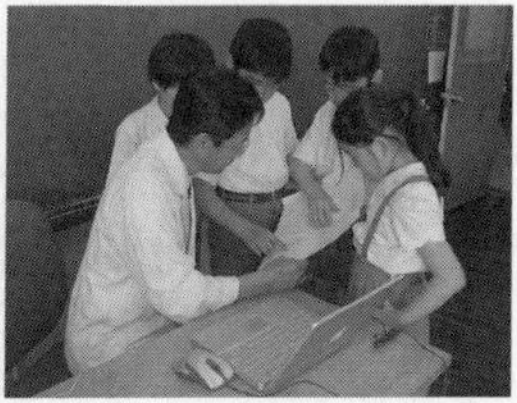

第2週 先週撮影した映像を見て、気づいたことや気になったことを調べる。

ユータも揃っていたので環境としては十全だった。

このワークショップ的な授業は、その直前に取り組んでいた日本科学未来館の展示物の製作中に思い付いたものだ。「時間」をテーマにした展覧会で日周期（生物時計）に関する映像をつくることになり、カタバミという植物の24時間分の映像を撮った。

カタバミは就眠運動をわかりやすく表現してくれる植物だ。葉の付け根に蝶番機能があって、夜は葉を閉じ、昼のあいだは開いている。朝晩の開閉の様子を見たくて撮ったのだが、出来上がった映像を見ていると、朝一度開いた葉が日中に細かい開閉を繰り返していた。不思議に思って調べてみると、植物的には十分に陽光を浴びて光合成したいが、紫外線が強すぎると葉緑素が破壊されてしまうので蝶番を動かしてそれを避けていることがわかった。映像を見直してみると、葉の動きは雲による太陽光の遮蔽とぴったり同期していた。葉を開閉できない他の植物は、一枚の葉の内部で葉緑素を移動させながら、紫外線を

第3週 他の班の人たちに初めて映像を見せながら、自分たちが調べた結果を発表。

適度に避けつつ光合成するというスペクタクルな営みを日々繰り広げていることも知り、驚いた。

私たちは人間の身体感覚を逸脱しているものを認識したい時、スケールを変換するメディアを間に挟む。たとえば肉眼では見えない遠い星の光を捉えるために望遠鏡を使い、細胞の中を覗くために顕微鏡を使う。

展示映像をつくるために用意した仕組みだったが、考えてみると、ここではサイズでなく時間のスケールが変換されている。これも虫めがねの一種なんだな。ならそれを観察道具にした面白い授業が出来るんじゃない?と思い立ち、付き合いのあった慶應幼稚舎の鈴木秀樹先生に相談したところ「面白そう。うちのクラスでやろう」という返事があり、ただちに実現した。

準備を進めながら鈴木さんと交わした話の中に、「本当の調べ学習をやってみたい」というものがあった。調べ学習とは、子どもたちが教科書を読んで憶えるのではなく、自分で調べて

調べ学習
生徒が自分で情報を集め、その情報をまとめ、作り直す学習過程。

発表することを通じて学ぶ、主体的な学習の形であると言われる。「総合的な学習」の一形態だ。

ただ僕には〝主体的〟は言い過ぎではないかな？という気持ちがあった。「何を調べてみよう」という対象や、「どこで調べてみよう（この本で・このウェブサイトで）」といった範囲、そして「何がわかるかな」という答えまでセットで教材化されていることが多く、子どもたちは一見主体的に取り組んでいるように見えるけど実態としてはかなり出来レースというか、台本にそって演じさせられているような印象があった。もし子どもたちも心のどこかで白々しさを感じているとしたら、それはまるで望ましくない精神的損失ではないかな…と感じていた。

そこで「いつもと違う目で世界を見る体験をつくり、そこで気づいたことをどんなことでもいいから、自分たちなりに調べてみる」時間をつくってみたわけだが、ある班の子どもたちが中でも忘れがたい経験をした（と思う）。

その班は、理科室で飼っているナマズの水槽の24時間を撮影

Photo: Hideki Suzuki

4
4

した。このナマズが見事に動かない。時間軸の中での変化がほとんど発見できず、子どもたちも少し困ったかもしれない。

しかし映像を全コマ見てゆくと1コマだけ、そのナマズが正面を向いて口をパカッと開き、そこから小さな泡がぷくっと出ている画像があった。彼らは「ナマズがあくびをした！」と捉えて、他の班の子どもたちと同じく図書館に籠もり、ナマズのあくびについて調べ始める。が、何一つわからない。3週目の発表の日。彼らは「ナマズのあくび」について調べてゆく最中に出会った他の事々を語っていた。

ある体験を通じて自分が何かに気づく。それが何であるべきかという部分は全く管理されていない。そしてそのことを調べても、満足のゆく答えに辿りつけるとは限らない。

教科書の外側には膨大な経験世界が広がっていて、図鑑にも世界のすべては記述されていない。調べ学習に挑んで「何もわからなかった」ということがあっても、そのことを通じて得られるものはあるんじゃないかな？と鈴木先生と僕らは語り合い

ナマズが正面を向いてジッとしている。右の写真は口を開けた瞬間の1コマ。

ながら、その授業は終わった。

必然性に欠ける体験

僕はグラフィックデザイナーの妻と二人でリビングワールドという小さなデザイン会社を営んでいる。「時間虫めがね」も先生と僕ら二人で話し合いながら形にしていった。この他にもいくつか参加者が子どもないし親子のワークショップを考えて実施したことがあるが、ここ数年は全く手がけていない。子ども向けのワークショップについては、ご相談をいただいても他の人を紹介することが多い。

それは、そこかしこで開催されている子ども向けのワークショップの多く（全てではない）が過干渉的で、大人の望みに彼らを付き合わせているように見えるからだと思う。

子どもたちは大人が差し向ける期待にとても敏感で、「こんなふうに楽しんで欲しい」「こんなことに気づいて欲しい」「こんなふうに学んで欲しい」といった底意を素早く察し、それに応えようと動く。確認のしようがないのだけど、接していているとそう感じる。大人が考えた遊びに子どもが付き合っていて、しかもゴミもたくさん出すプログラムが多いし、「なんだかなあ」という脱力感を覚えているのだと思う。

大人が何か考えて与えなくても、子どもは自分で遊ぶのでは？　むしろそういう時間のほうが大事なんじゃないか？

人間には他の人々とともに過ごす時間と、一人だけで過ごす時間の両方が欠かせない。それぞれの時間の中でしか育まれないものがあると思う。しかし昨今の少子化や子どもマーケットに対する世間の注目は、彼らに対する過干渉的な状況をさらに強めている。

話が少し脇に逸れるが、「大学を出て社会人になったら、我慢して働かないといけない」という予測を持っている学生が増えているようだ。働くことを自分を圧し殺すことだと想定して、

「だから今のうちに楽しまないと」とつぶやく彼らの視界の中には間違いなく私たち大人の姿がある。

大人は大人のことをしっかりやって、その姿を見せてゆくほうがいいんじゃないか。子どものほうばかり見ている大人より、何かに夢中だったり、真剣であったり、生きることを楽しんでいる大人たちの姿を見ることのほうが、よほど彼らに力を与えるんじゃないか？

少なくとも、大人が望むように楽しむトレーニングを子どもたち相手に重ねてもしょうがないと思うし、大人が抱いた信念や理念を参加体験型で伝えてもしょうがない。

この辺りのことを考えていると、鳥山敏子という教育者が実施した「いのちの授業」と、村瀬学という児童文化研究者がそれについて表明している批判を思い出す。「いのちの授業」とは、1980年に中野区の小学校で教えていた鳥山さんが4年生の児童を対象に行った、「ニワトリを殺して食べる授業」のこと。彼女の授業はテレビでも取り上げられ、映画や書籍にも

『いのちに触れる――生と性と死の授業』
（鳥山敏子著、1985年、太郎次郎社）

村瀬学
同志社女子大学教授。じゃのめ見聞録 No.51（「生き物のいのち」と「あなた」―鳥山敏子『いのちに触れる』批判―）http://www2.dwc.doshisha.ac.jp/mmurase/janome/janome51.htm（2004/11/20）より。

なった。

これは自由参加の課外授業として実施された。養鶏場から貰いうけた22羽の鶏が河原に放たれ、子どもたちは母親や鳥山さんの支援者たちが見守る中、その鶏を捕まえ、しめて（頸動脈の切断）、肉にして、焼いて、食べるという一連のことを体験した。

僕にも経験があるが、こうした屠畜体験学習はその動物に対する敬意をもって丁寧に行われれば、さほど残酷な印象は与えない。どうしても血が駄目だったり、羽根がむしられて肉屋に並んでいる鶏肉状態になるまで触ることが出来ない子どももいるが、それも一つの体験だ。食材がつくられる背後の工程と真剣さにそれぞれの深度で触れることが出来る。

村瀬さんが問うていたのは、こうした経験が子どもたちに与えるショックやトラウマではない。彼は「鳥山の観念論のおつきあいをさせられる『授業』を私はよしとすることはできない」と書いている。

彼女がこの授業を行った背景には、「生きてゆくことは他の生き物のいのちを自分に取り入れることなのに、現代の私たちの暮らしはそのリアリティを欠いてしまっている」という問題意識があったようだ。村瀬さんはその問題意識に反対しているわけでもない。「要はその手続きである」と言い、たとえばこう書いている。

「名前を付けて自分が世話をしている動物を殺さなくてはならなくなった物語は、私たちはローリングズ『子鹿物語』、やロバート・ニュートン・ペックの『豚の死なない日』などでよく知っている。しかし、そういう物語では、なぜその名付けられた動物を自分で殺さなくてはならないのか、筋道がよくわかるようになっている」。

子どもたちにとって、この課外授業でプログラムされている体験は、必然性に欠けていいやしないか？という指摘だ。

経験の浅い初心者ファシリテーターが、用意したプログラム

『子鹿物語』
（1983年、偕成社文庫）
マージョリー・キナン・ローリングズによるアメリカ開拓時代を描いた児童文学。少年の成長物語で、日本では早くにアニメ化された。

『豚の死なない日』
（1996年、白水社Uブックス）
ロバート・ニュートン・ペックによるヤングアダルト文学。世界的なロングセラー。日本語訳は金原瑞人。

をこなすのに目一杯で、参加者との関係づくりを疎かにしてしまう局面はしばしばある。でもこの「参加者にとって必然性に欠ける体験」は、経験年数の長いファシリテーターが手がける場においてもしばしば見かけられる。

慶應大学で教育思想史を教える真壁宏幹さんは、同大学のアートセンターが刊行している小冊子『ワークショップのいま』に寄せた「古典的近代の組み替えとしてのワークショップ」という論考で、コメニウスの教育思想を引きながら、教育はその根本的な成り立ちからして必然性を欠いているのだと指摘していた。

近代以前、大人たちの傍らで実際の仕事に参加してゆくことは、学習であると同時に生活や労働でもあり、教育は生活世界の中に埋め込まれていた。が、教科書による教育が構想された時点で、子どもが知や技能を学ぶリアリティは失われた。教科教育はそもそも最初から必然性に欠けていて、子どもたちを動機付け・意欲を与え・学習者にする方法の探求は、現在の教育

『BOOKLET 16 ワークショップのいま――近代性の組み替えに向けて』
（2008年、慶應義塾大学アート・センター）

コメニウス
Johannes Amos Comenius
1592〜1670年。チェコの宗教家にして教育者。現代の学校教育のしくみを構想した。主著に『大教授学』や、世界初の子どものための絵入り子ども百科事典『世界図絵』など。

のであるという。

の形式が構想された17世紀の昔から宿命的に抱えられてきたも

プラグマティズムを発展させたジョン・デューイは、その〝必然性〟を取り戻すべく、シカゴ実験学校の試みを形にしたのではなかったか？　であるのに、高田さんの歴史年表に戻ればそのデューイに源流を持つ単元学習や総合的な学習のたぐい、そしてワークショップがふたたび必然性を失ってしまうのはどういうことなんだろう？

それはその授業やワークショップを形づくる、問題意識や価値観、夢や願いが、子どもたちの側でなく、教師やファシリテーターの側にあるからだと思う。ここに来て、「パーソン・センタード・アプローチ」に触れることが出来る局面に至った。大学で教え始めて数年間が過ぎつつあったちょうどこの頃、僕はいくつかのグループセッションへの参加を通じて、ロジャースが拓いたその人間観に出会っていった。

パーソン・センタード・アプローチ
心理学者カール・ロジャースが、来談者中心療法や、非指示的療法の発展的帰結として提示した対人関与の姿勢。

パーソン・センタード・アプローチ

パーソン・センタード・アプローチ（Person-Centered Approach）は、心理学者のカール・ロジャースが提示した、対人関与の姿勢や態度を指す言葉だ。

フロイトに代表されるロジャース以前のカウンセラーの姿勢は外科医的で、患者の内面に潜む問題を明確にし、それを取り除くことに注力していたと言われる。結果的に医者のほうが本人以上に本人について多くの情報を持ち、判断を行い指示を出す、強い立場につくことが多かったようだ。そういう医者（治療者）のあり方は、今もあまり変わらないかもしれない。

が、ロジャースはこれに対し、悩ましさや難しさを抱えてやってくる来談者（クライアント）自身を中心に据えたかかわり方の必要性を主張。臨床経験を通じて人々の中に彼が見出していた現象を表現する手がかりとして、「共感」「無条件の肯定的尊重」「自己一致」という三つの条件を示した。

相手の話の内容でなく、気持ちをともに感じながら。条件付きで肯定（承認）するのではなく、無条件に肯定していて。さらに、耳を傾けている聴き手に純粋さがあり、透明で一致感が感じられる時。

そのような〝あり方〟の前では、人は自分自身の力で問題や課題に向かい、解決し、展開すべき方向へおのずと進み始める。個人としてより統合されてゆく動きが発現する、というものだ。

大学の授業をめぐる逡巡は、このパーソン・センタード・アプローチに辿りついたちょうどその頃、ひとまずプールの底を蹴った感がある。

本人のことに他人がどうかかわるか？という問いを抱えていたわけだが、立場は違えども同じ場を共有する一員として、学生でも参加者でもない、今この瞬間を生きている一人の人間として感じて、敬意と共感をもってかかわり、そのかかわり合いの中で自分も自分自身でいること。
　文字にしてみるとごく当たり前のこんなことを、ああだこうだ考えるまでもなく自然に行っている同僚の先生を何人も知っているが、恥ずかしながら僕は10年近い右往左往を経て、ようやくその景色の中に足を踏み入れた感がある。

　パーソン・センタード・アプローチの概念と態度を、僕に体現的に教えてくれたのは、たとえば前出の伊勢達郎さんや橋本久仁彦さんだ。
　２００８年に開かれたある集いで、そのことに絞って橋本さんに話をうかがった短いインタビューがある。彼の立ち位置からの描写ではあるが、パーソン・センタード・アプローチという〝あり方〟をより立体的に共有できるのではないかと思い掲載する。

橋本　僕は大学で、浄土真宗の僧侶であり龍谷大学の先生でも

伊勢さんのインタビューは69頁を、橋本さんは１５９頁を参照。お二人は龍谷大学の同期生で、同じ先生からカウンセリングやパーソン・センタード・アプローチを学んだ間柄。

浄土真宗
親鸞が彼の師である法然から、浄土往生を説く真実の教えを継承。親鸞没後、門弟たちが教団として発展させる。如来の働きにまかせる教えで、他の宗派に比べて儀式や習俗にとらわれず、作法や教えも簡潔だった。

あった西光義敞氏に学んだのですが、彼やその周辺にいた人々が、その頃ロジャースのパーソン・センタード・アプローチを盛んに学び始めていました。僕が20代ですから、30年近く前になりますか。

仏教に人生を賭けてあるものを摑まえている人たちは、セラピー全体を「迷い」であると一刀両断してしまいます。いくらセラピーをしても救いはない、と。

その彼らが、パーソン・センタード・アプローチについては懸命に学び始めたわけです。それまでは法座で「如来の本願はここにあるのだから、自力の計らい・エゴの働きを振り捨てて、如来の他力回向、まわりからみなさんに押し寄せている慈悲のエネルギーに目覚めて生きなければ、平安はないし、世界の平和もない」といったことを説いていた彼らが、自分たちが体験的に摑んでいたある味わいと、ロジャースが語る内実の味わいを、非常に近似のものとして捉えたわけです。

ロジャースは心理面接のやり取りを録音し、それを何千件も

このインタビューは、青木将幸さんが2008年8月に開催した「パーソン・センタード・アプローチとは？」というワークショップで行ったもの。

検証してゆく中で、「人はある条件が揃いさえすれば、自分が進む道筋を自分自身で見つけ出していく能力を持っている」ことを確信していった。目の前で話に耳を傾ける人に「共感」「無条件の肯定的尊重」「自己一致」の三条件があれば。言葉だけではわかりにくいので、ひとまず記号として押さえておけばいいと思うのですが、これらの条件が揃うと、その気があろうとなかろうとより一致する方向へ向かう。心の深いところで感じていることと、頭で思っていることのズレが一種の悩みなわけですけど、これが一致する方向へおのずと発動していくと。

この発動は、本人が自分の意志でやっているわけではないんですね。この点が西洋の他の心理学と少し違うところです。西洋では自我を大事にしますから意志を重視する。「本当に変わりたいですか?」と覚悟を決めてもらいながら、変容への動機付けを確かめていく。

でもロジャースは、たとえ相手がどんな人であろうと、生き物であるなら、聴き手の条件が揃うと語り手の中に自然に発動

「自己一致(genuine)」は、純粋性もしくは真実性と訳されることもある。

する動きがあると言う。その動きを目撃しながら、本人がその力を最大限に発揮するように支援的についていく。そんなかかわり方を、パーソン・センタード・アプローチという言葉で指したわけです。

——条件が揃えば発動する…というと、ロジャースは人間を自然物というか、いわば植物のように見ていたということですか？

橋本 そう言ってもいいと思います。小さな頃、家の地下室に降りてゆくと壊れかけて腐ったジャガイモの箱があった。その中の一つから芽が出て、天窓から射し込んでくる僅かな光のほうへ数メートル芽を伸ばしているのを彼は見たそうです。

これはロジャースの原体験の一つですが、条件が揃うと生命は本来備え持っていた遺伝的形質なのか、実現性というか、表現傾向みたいなものに全面的にかかわっていくんだと。光のほうへ伸びてゆくそのジャガイモを、彼は非常に大事な光景として見ていたと思います。
　そしてその時に感じたことを、宗教的な啓示としてではなく科学者として、無数のカウンセリング記録を通じて再確認し、みんなに伝えていった。人間と人間の対話の中で生じている動きを。
　一度それが見えてしまうと、誰と誰の間にも同じように起こっていることがわかるわけです。若いお母さんと子どもや、信頼し合っている二人のカップルの間にそのような関係性があることに気づいたりする。そういう関係を持つ人間同士のあいだでは、両者の成長が起こっている。

——両者の？

橋本　両者のです。そのような質の関係性があれば、両者は育ち合わざるを得なくなる。西光さんは『育ち合う人間関係』という本を書かれていますけど、この辺が浄土真宗で言う他力の

『育ち合う人間関係——真宗とカウンセリングの出会いと交流』（西光義敞著、２００５年、本願寺出版社）

味わいと非常に近接しているんですね。

――橋本さんご自身は、人間をどんな生き物として見ていますか？

橋本　パッと浮かぶのは「よくなりたい生き物である」という言葉ですね。それは今、ここにいる人たち全員にすぐ観察できます。全員、よくなろうとするプロセスの真っ最中にいると思います。お風呂に入っても、ほぼ24時間その衝動の中にいるんじゃないでしょうか。たとえば寝床でも、ちょっと意識しつづけているんですね。飲み食いしていても、自分についてずっとひっかかっているところがあるなあとか、少し身体の向きを変えてみたり。よりよくなる、自分をよりよい状態にするための手を毎瞬毎瞬打っていると思う。誰もが「よくなりたい生き物である」という確信があります。

方法はそれぞれ違うわけです。たとえば、ピアスの穴を開けるなんて僕はとても出来ませんが、それも「よくなろう」とす

他力　仏教用語の一つで、仏・菩薩などの働きを指す。浄土真宗では「他」は阿弥陀仏を、「力」は如来の本願力（はたらき）を指す。

る動きだと見ています。

——より、生きていることに近づく、ということですか。

橋本　はい。「よくなる」とは、生命としてよりハッキリと存在することだと思います。

そしてそれを自分ですることだと思います。ピアスにせよ自傷にせよ、誰かに言われてその通りにやるのは嫌なんですね。自殺願望のある人が、まわりの全員から「死ね」と言われたら、逆に「生きてやる」と思ったりすることが、自殺しようとしていたエネルギーの別の表現になるのと同じで。みんな自分の道を自分で完遂しようとしていて、自分の手続きで生きたがっているように僕には見えます。

——この「よくなりたい生き物である」というのは、たとえば「人間は成長したい生き物である」というのとは違いますか？

橋本　「成長」という言葉は、最近ちょっと使いづらいですね。含まれている概念が邪魔な感じがします。

たとえば心理療法の世界には「成長グループ」と呼ばれる手法があって、そこでいう「成長」は、よりオープンに相手の感情を感じられるようになり、嬉しいとか辛いといった感情を発言できるようになって、誰か寂しそうな人がいたらそこで肩を抱き、みたいな。特定の成長モデルみたいなものがあらかじめあって、そうなった人を見て「君、成長したねー」とか言うわけなんですけど、僕にはちょっと違和感があります。言った途端、同時に未成長のものが設定されてしまう。出来ていない人は成長していないことになる。

本来、ファシリテーターから「あなたよくなったですねー」「感情が出ていて人間ぽいですよー」と言ってもらうような、他人から基準をもらうことではないだろう、という意味です。

――では「よくなる」ことは、「一致する」ことには近いですか？

橋本　近いです。自分の内側との一致ですよね。なので自分がよくなったかどうかは、自分だけが知っているはずです。

ここは重要なポイントだと思います。まわりの人たちがいくらその人の成長を素晴らしいと褒めそやしたとしても、その人が「いい」と思っていない限り、その人の中に一抹の不一致感がある限り、成長でもなんでもない。それは適合か適応か妥協だと思います。

——条件さえ揃えば、人は一致している方向を目指す。

橋本　一致している方向を目指さざるを得ない。一致できないままだと突然死んだり、癌になったり。不一致のままでは永続できないシステムを持っているのが人間なのだと思います。

参加者　どうすればパーソン・センタード・アプローチが身に付きますか？

橋本 これは手法というより態度です。なので、トレーニングが難しい。たとえばコーチングのような伝えやすくわかりやすい手法はここにはないように思われます。

態度が変容するには、そのための認識が得られる関係性や、場の経験が欠かせないと思う。ある一定の期間、自分が「この人」と思う方との交流が必要ではないかなあと思います。

あるいはロジャースが行ったように、短くてもいいから人の話を聴き、その録音を聴き返したり、逐語録を起こして客観視するのを何度もしてみるといいと思います。できれば相手にも一緒に録音を聴いてもらって、逐語録を一緒に読む。直接フィードバックをもらうと、かなり精密に自分のエネルギーを鏡に映すことができます。人とのかかわり合いの中で、自分がしていることがわかる。自分の応答の本当の意味が見えてくるので、そこでようやく自分のあり方について一致が起こるわけです。

――パーソン・センタード・アプローチという言葉は、パーソン（person）を中心に据えている。そのパーソンの、さらに中心にあるものはなんでしょうか?

橋本　存在でしょうかね。たとえば重度の障害を持った人がベッドに横たわっているとします。思考が失われているのかどうか、人とのかかわりも感情表現もない。表現がないので本人の感覚さえあるのかないのか不明だとします。でも、「ベッドの上にその人がいる」という存在感はあるわけです。

その意味では「存在」がもっとも普遍的で、個人（パーソン）のコアを成していると見ていいと僕は思います。

2002年からの3年間、西田真哉さんや中野民夫さんらと形にした全国教育系ワークショップフォーラムの第1回の副題は、「教える」から「引き出す」へ、だった。

教科教育に象徴される知識注入型の〝教える〟姿勢から、その人の中にあるものをどう〝引き出す〟かというかかわり方への移行を指して書かれたコピーだったが、ゲストとして来た伊勢達郎さんは見た瞬間に、「教える」から「溢れ出す」へ、じゃない?と言った。「引き出すって恣意的だよね」と。伊勢さんのこのコメントも、言うまでもなくパーソン・センタード・アプローチの立ち位置から放たれている。

取り柄や力を他人に〝引き出される〟のは、喜びではあると思う。潜在的な自分の可能性を引き出してくれる人や場との出会いは、多くの人にとって嬉しいものだろう。でも引き出される喜びより、〝溢れ出す〟喜びのほうが、より始原的で大きな動きだ。

パーソン・センタード・アプローチは「人間中心療法」と訳されることがあるが、生命中心主義の言葉を置いてもそう外れていないと思う。生命の自然性そのものへの信頼を基本にしている点において、人の自己治癒力に軸を据えたホリスティック

全国教育系ワークショップフォーラム
177頁の注釈を参照。

ホリスティック医療
身体・心・生命のつながりを大切にした、人間をまるごと全体的にみる医学。概念化は1920年代のアメリカで行われた。

医療や、野口整体や操体法などの身体技法、あるいは耕さず肥料も加えない自然農法などの生命観とかなり近接している。

先に、ワークショップはファクトリーと対比するとわかりやすく、ファクトリーが生産性を求めているとしたら、ワークショップが求めているのは創造性だろうということを書いた。星川淳という人が、この視点とパーソン・センタード・アプローチの生命観が交差するあたりで語ってくれた短い言葉が手元にあるので、共有してみたい。

星川　創造は生きていることとの基本だと思います。人間の根元的な力ですね。それが歪んだところに、病や戦争があるように僕は思う。

生きているということは、自然界において創造性が全開している結果でしょう。ヒトに限らず、草木や動物にしてもね。だから創造的に生きることは目的ではなくて、生きていること自体が最初から創造的なんです。

野口整体
野口晴哉（1911〜1976年）を創始者とする整体操法。

操体法
医師・橋本敬三（1897〜1993年）が、民間の健康法の実践を通じて拓いた健康法。

星川淳
1952年、東京都生まれ。作家、翻訳家。自然と人間のより良い関係をテーマに、トランスパーソナル心理学やディープエコロジー、地球生命圏ガイア説などの紹介を手がける。82年に屋久島へ定住。エコロジカルな暮らしの実践と著作活動を深める。200

子どもの頃には「なんでも出来る」という感覚がありますよね。でも今だって同じで、本質的にはなんでも出来る。それを型にはめてゆくのがこれまでの教育でした。

創造的に生きることは、一人ひとりの使命だと思います。生を受けたことによって与えられる使命。人まねは出来ないし、教わることも出来ない。社会貢献というのは、自分の創造性をフルに発揮して、それを世界にお返しすることじゃないかな。

創造と喜びは同じ。「善く在る」ことも、創造性の姿の一つだと思う。すべて同じことを、違う角度から表しているだけです。

人の見え方

私たちの仕事の先には必ず人間がいる。そして、その「人間」がどう見えているかという一点が、それぞれの仕事の質の違いを生む。「どうかかわれるか?」は「どう見えているか?」に決定づけられるので。

5年よりグリーン・ピースジャパン事務局長に。主な訳書に『地球生命圏——ガイアの科学』(工作舎)、『一万年の旅路——ネイティブ・アメリカンの口承史』(翔泳社)、著書に『星の航海師——ナイノア・トンプソンの肖像』(幻冬舎)、『魂の民主主義——北米先住民・アメリカ建国・日本国憲法』(築地書館)など。

たとえば末期の癌患者に対する投薬を軸にした延命処置と、ホスピスにおける本人意志を軸にした緩和ケアという二つのかかわり方は、人間観や生命観の違いにおいて分岐している。

いや、人間観というと正確でないかもしれない。「人間は他人の役に立つことに幸せを覚える」とか「人間は10歳までに食べたものを一生食べる生き物である」といった言説はどちらかと言えば概念で、それよりも〝今・この瞬間に、目の前の人がどう見えているか〟ということのほうが、より信頼性の高い手がかりだと思う。

ワークショップも授業もプロジェクトも生の現場であって、どこか別の場所でつくった〝見立て〟を持ち込むと、リアルな一人ひとりが見えにくくなる。いわば木村秋則さんの林檎栽培のように「知っている」ことにはせず、よく見て、感じて、関心をもってかかわりつづけることが肝要なんじゃないか。つまりここにあるのは、人に対する眼差しや視力の問題なのだと思う。

たとえば床運動で、前方倒立回転跳びを練習する人の補助を務めるとする。跳ぶ本人にも初めてで全く出来ない段階なら、動きや体重移動の要領を掴んでもらうために、積極的に身体に触れたり支えて補助をする。

でも本人が自分で回れる感じになってきたら、添える手は、相手の身体に触れるか触れないかというギリギリのところを動く。

この動きは相手の動き全体を真剣に見て、感知していなければとることが出来ない。その眼差しと距離感は、教室の学生やワークショップの参加者、あるいはインタビューの最中の語り手たちに僕がとらざるを得ないかかわり方の感覚に近い。今この瞬間のその人を見て、感じて、動く必要がある。

そして、30代前半の「人の力をどう引き出すか?」という問いをあらためて見直してみると、意識が「人」より「引き出す」ほうに偏っていたことに気づく。

もし仮にかかわられる側だったとして、自分のことをよく見ようともしないで「引き出し」にかかってくる人間がいたら、どんな気分だろう。僕は嫌です。エネルギーを解放したいし、本領も発揮したい。だから上手く引き出してくれる人は魅力的だけど、勝手にはされたくないし、相手の都合で引き出されるなんてもってのほかだ。

自分の〝人の見え方〟が更新される大きな契機となったのは、二つの古典的なワークショップでの体験だった。この本の中でも何度か名前が出てきた「Tグループ」と、「非構成的エンカウンターグループ」。

Tグループは社会心理学者のクルト・レヴィンが1940年代にその誕生を準備し、NTLが手法として整え、アメリカ全土に参加者を広げた、数日間にわたるワークショップ。中心には集中的なグループ体験がある。

非構成的エンカウンターグループは前出のロジャースがパーソン・センタード・アプローチの実践的な器として拓いたグル

ロジャースはグループという器の作用と、臨床を通じて見出してきたパーソン・センタード・アプローチの人間理解を非構成的エンカウンターグループに結実。晩年はこのグループを、対立し合う国家や地域間の相互受容に役立てる試みもしていた。

ープセッションで、同じく数日間にわたるワークショップ。彼がこれに取り組んだ最初のきっかけは、同じく1940年代、第二次世界大戦に従事した兵士にかかわるカウンセラー養成の手法開発を復員局から依頼されたことに端を発する。ロジャースは同時期に生まれたこれらの集中的なグループ経験を、「20世紀において最も将来性のある社会的発明」と述べている。

これらのワークショップの体験は、言葉による説明が難しい。以前ある半年間の心理カウンセラー養成講座を受講した際、心理療法の歴史の授業の中でこの二つは古典的なベーシックとして紹介されていた。が、講師は続けて「危険なので参加はお薦めしない」と言う。自分は既に体験済みだったので休み時間に真意を訊ねてみたところ、「ファシリテーターによって体験の質が大きく異なってしまうから」という答えが返ってきた。プログラムの自由度が高い分、ファシリテーターの倫理観や力量に依存するので、あらかじめ品質を保証することが出来ない。

これらに比べると「ワールドカフェ」のようなワークショップは、形式そのものにあらかじめソフトウェアが含まれているので、誰がファシリテートしても同じ…ということはないが、ある程度の質をもった場が形成されやすい安定性も高い。「箱」のように、誰でも手にした瞬間から使える道具と、「風呂敷」のように自在性が高く、使いこなしの技能がいる道具の違いとして捉えるとわかりやすいと思う。

なら薦めないに越したことはないだろう、という判断だった。

Tグループと非構成的エンカウンターグループに共通しているのは、十名少々のメンバーで輪になって座り、ただ話を交わし合う、あらかじめ用意された内容や構成を持たないグループセッションにある。

輪になって腰を下ろしたものの、ファシリテーターからは「こうしてみましょう」というアクティビティの提示もなければ、テーマも示されない。もちろん初めて会う人間同士が大半なので話し合うべきことも特にない…という状況は沈黙から始まり、それぞれの内面に強い葛藤を生む。その葛藤の中で、他のメンバーとの間に糸口を探して動き始める人もいれば、語るに足る何かが自分の内面から浮き上がってくるのを待つ人もいる。

このような場に生まれる人間関係を、体験学習の生きた素材として活用してゆくのがTグループ。それぞれが自分に出遭いなおす機会として活かしてゆくのが非構成的エンカウンターグループである、というのが自分に出来る精一杯の記述である。

さて、これら二つのワークショップを通じて僕は、自分が何も見ていなかったことを思い知らされた。今は見えるようになったという優越的な意味ではなく、とにかく見えてなかったし、見ようともしていなかったことがハッキリしてしまった。

たとえば以前の自分には人を類型化する傾向が強くあった。知らない人が集まるワークショップのような場に出向いて、初めて会う人たちの姿を眺めている待ち時間、あるいは授業の初日に教室へ入っていった時。「あの人は気が合いそうだな」とか「自分にはあまり関係なさそう」という具合に、人の仕分けを無意識に行っていた。その後もその第一印象を裏付ける発言や態度を端々に見出しながら、さらにフォルダーの分類やラベリングを進める。

こう書いていると本当に嫌なヤツだと思うが、コミットメントを持つ以前に、趣味の範囲で人にかかわっていたと思う。

ところがTグループや非構成的エンカウンターグループのようなグループセッションの場で、与えられた課題やタスクのないままま、ただお互いの言葉やあり方を手がかりに長い時間を過ごしていると、最初は「自分には関係がない」と色あせて見えていた人が、その人の内にある想いや、抱えている戸惑い、あるいは喜びや堪らなさに触れながらとつとつと語る言葉を耳にしているうちに俄然輝きを増して、関係がないどころかそれは僕自身の話じゃないか！という重なりも見えるようになり、その頃には、最初に見えていたその人とは、目に映る姿や印象がまるで違う。

いったい何をしていたんだろうと思った。過去に会ったことのある、少し似た人の記憶や自分の趣味をもとに、人のある部分だけを見たいように見て、勝手に類型化していたことがわかってしまった。

どの人もそこにいたのに、自分が見ても、感じてもいないだけの事だった。打ちのめされた感覚もあったが、嬉しさのほうが勝った。もっと見えるようになりたいし、そこから始まる変化の予感が嬉しい。望みあり。生きていけると思った。

森の中でも、街角でも、少し立ち止まって目を閉じてみると、それまで聞こえていたのに聴いていなかった、さまざまな音が耳に聴えてくる。肌を撫でる微かな空気の動きも感じる。数秒もかけずに通過していた海沿いの道で車から降り、磯の形に沿って波打ち際を這うように辿ってゆくと、そこには無数の生き物がいて、人知れず展開しているたくさんのドラマや魅力的な細部に出会うことが出来る。そんな感じだった。

結果として先のナディアの話の逆のようなことが自分に生じ、学生も参加者も誰も彼も、記号的な存在ではなく、個々の実存として見える回路が育ち始めてしまったようだ。

するとその眼差しの後を追って、学生や参加者やプロジェクトメンバーに対するかかわり方も自然に変わってゆく。そんな変化を感じながら過ごしている、ここ数年です。

あとがき

僕自身は、ファシリテーターという肩書きをあまり使わない。「デザインの仕事をしています」と言ったり、あるいは働き方研究家の肩書きを使うことが多く、ファシリテーションについては〝たしなみ〟のようなものとしておさえようとしている部分がある。「料理も時々つくります」とか「ギターも弾きます」(言ってみたい) と口にするような感じで。

本業としてその看板を掲げないほうがいいと思っているのだろう。その肩書きで責任をとる根性がそれほど据わっていない、というのが一つ。あと、たとえばカウンセラーやセラピストといった肩書きを介すると、人間同士の関係が〝援助する人・される人〟〝癒す人・癒される人〟といった枠組に、あらかじめ収まってしまいやすい。ファシリテーターについても同じで、〝促進する人・される人〟といった枠組の中では生じにくい動きや働きを、より大切に感じているのだと思う。

でも実態としては、年に何度かその時々の関心をテーマにワークショップを開き、研修や講座を担い、仕事や働き方をテーマに据えたフォーラムを開催し、プロジェクトチームをまとめたり、あきらかにファシリテーターとして働いている。

大学の教室はこの10年少々の間、いろいろなワークショップに参加して得た気づきや発見を持ち帰って試みたり、自分のあり方を観察することも出来る貴重な現場だった。

授業を始めると、教室の前のほうに座る学生と、後ろのほうに座る学生がいる。前に座る学生は授業に積極的で、目を見て話を聞いているし要所要所で頷いていたり、極めて主体的に見える。彼らには授業がやりやすい。一方、教室の後ろのほうに座って隣の学生と話していたり、斜め座りで他所を向いていて、授業に参加しているのかいないのか良くわからない学生たちがいる。彼らに対してはもちろんやりにくい。

でも最後に短いレポートを書いてもらうと、「何しに来てるんだ？」と思わせるような様子で後ろのほうに座っていた学生が、その日の授業の勘どころを意外に掴んでいて、なにより本人の考えを本人の言葉で書いてくることが決して少なくないことに、教え始めてしばらく経った頃に気がついた。むしろ前のほうに座っている「いい」学生の中には、こちらが話したことはキッチリ押さえているけど、それを本人がどう感じ・受けとめ・考えたかというところまではあまり書いてこない人が結構いる。

もちろんそれぞれ例外は多く、前に座っているからどう、後ろに座っているからどうとは言えない。が、一見参加していないように見えても本人なりの参加の仕方をしているし、すごく参加しているように見えて実は状況適応的というか、主体的なようで受動的と言えなくもない人もいるんだな…ということを知った。

このことを考えると、ワークショップにおいてありがちな、円座に椅子を並べて場をつくることへの違和感も浮かんでくる。作業場や工房がそうであるように、一人ひとりが自分なりの試

違和感があると言いつつやっている様子。左端は自分。円座で座ることについては、いろいろ思うところがある。

Photo: Katsuhiko Kushi

みに取り組める空間が〝ワークショップ的〟な場であるなら、どうそこにいるかということも本人に任せたい。

仮にファシリテーションが、人を主体的に場に参加させる技術だとしたら、学生や参加者が主体的になることで一番楽になるのは、他でもない教師やリーダーやファシリテーター自身だと思う。「いったい誰のためのワークショップでありファシリテーションなのか?」という話は技法を云々する前にもっと吟味してしかるべきだな…といったことを、僕は黒板の前に立ちながら考えることが出来た。

ところで先の村瀬学さんによる「観念論のおつきあいをさせられる授業」という問題提起は痛烈で、つい自分を省みてしまう。

すると胸の中に「あると思う(させたことが)」という返事が浮かぶ。そして少し取り返しのつかないような気持ちにもなってしまうのだが、村瀬さんはその論考の中で、鳥山さんの授業（鶏をしめて食べる）に参加した子どもたちの事後調査にも言及していた。村井敦志さんという方がまとめたその報告によると、何年か経った子どもたちの中には、「ちょっと変わった授業を受けたなあ」というぐらいの感想でしか残っていないのが現実だったそうだ。

今回この本を書くにあたって、第3章で紹介した「時間虫めがね」という授業をともに手がけた鈴木秀樹先生に、子どもたちがあの3週間をどんなふうに記憶しているか？の確認をお願いしてみた。当時小学3年生だった子どもたちは、今や高校2年生である。

四十四名の子どもたちのうち「憶えてるよ」と母校の鈴木先生のところへ伝えにきた生徒は五人。「亀の甲羅が乾いていくのは面白かった」「先生はマックを使ってるのに、僕らはウインドウズだったから羨ましかった」「なんかやったのは覚えているけれど、自分が何を撮ったかは覚えてない」「アオムシがプランターから出て行っちゃったのとか、憶えている。僕らより先生のほうが驚いていたのが可笑しかった」といった按配で、「調べることの手応えを学んだ」なんていう子はもちろんいない。

それでいいのである。

僕らは大半のことを忘れてしまう。でも忘れてしまえるから生きてゆけるし、そもそも思い出せるものだけで生きているわけではないし。五人のコメントを鈴木先生は少し申し訳なさそうに伝えてくれたのだけど、僕はどれも嬉しかった。たとえば「先生のほうが驚いていたのが可笑しかった」という最後のコメントには、本人の中に、その時に過ごした時間の「感じ」がはっきり残っている気配がある。

一つひとつの授業やワークショップの主旨や内容よりも、その中で本人が温まったかどうかということのほうがその後の人生にとってよほど重要で、それはどんな人と、どんな時間を過ごすことが出来たか、どんなかかわり合いを持ちえたか、によるところが大きいんじゃないかと思う。

「かかわり方」は僕にとって、実は大学の授業に限らず、日常の何気ないやり取りを含む大問題だった。小中高と学校にはあまり居場所を見出せずにいた自分の成長過程に原因があるのか、何の気負いもなく人と話を交わしたり、相手の評価を気にしないでかかわり合うことが思春期を過ぎた頃からなぜか難しく、ごく普通に人と話せる人たちが羨ましくてしょうがなかった。

自分のコミュニケーションの不自然さが本当に嫌で、「天然」と呼ばれる人たちに至ってはもう「神」のよう。人と話している時、楽しさや面白さはもちろんあるのだけど、宇宙服で船の外に出ているような、ギリギリの船外活動をしている感覚がどこかにあった。

大学で学生たちと接している時にも同質の危うさはあって、少しでもそれをまともなものにしたいと思いながら、でもどうしたらいいのかまるでわからないまま教育やファシリテーションについてあれこれ探って。そこで得た手がかりを自分の授業やワークショップやプロジェクトの中で試してきて、気がつくと、いつの間にか以前のギリギリ感は消えて穏やかなものになっている。

変容は統合の結果に過ぎない。と思うのだけど、これはおそらく橋本久仁彦さんが西光義敞さんの言葉を借りて語っていたところの「育ち合う」関係を、大学の授業でかかわった学生たちや、自分がひらいたワークショップあるいはフォーラムに参加していた人たち、プロジェクトをともにしたメンバーたちと交わしてきた積み重ねの結果なのだと思う。

で、そのかかわり合いを可能にしたのは、やはり人の見え方の変化だった。


どこからでもいいので、地面の土を採取して手頃な植木鉢に移し、陽当たりのいいところで水やりをしていると、1週間から10日間ほどで必ずなんらかの草木の芽が出てくる。種も何も埋めていなくても。

地球上の土はどこでも、表面から10〜20センチほどのところに無数の植物の種が含まれていて、これを土壌シードバンクという。種は適度な水分や日照の予感と、掘り返された時に表面についた小さな傷や刺激をきっかけにして発芽する。環境条件が揃うと、潜在的な可能性を一気に実現し始めるわけだが、この話はまるでわたしたち人間のことのようだ。

どこまでが種の力なのか？　つまり「どこまでが自分？」という問いも含めて。

発芽もその後の成長も、種と、太陽や土や水や風の、双方の関係性の中で展開する。

人が人とかかわり合う、ということ。

互いに力を与え合う有機的なかかわり合いを通じて、〝自分の仕事〟は〝わたしたちの仕事〟になるのだなあと思う。

謝辞

多摩美術大学の仕事に誘ってくれた鋼利治さんと宮崎光弘さん。そして、きわめて自由に授業に取り組ませてくれた猪股裕一さん。

２００２年から３年間、「全国教育系ワークショップフォーラム」をともに手がけた西田真哉、久保田康雄、中野民夫、森川千鶴、その他実行委員や青年の家関連の各氏。今回紹介できなかった人物も含みインタビューに応じてくれたゲストファシリテーターのみなさん。そして各地から赤城山に集った大勢の参加者。

２００５年から３年間、「育ち合う場づくりセミナー」を開催した伊勢達郎、ＴＯＥＣのフナ、パー子、そして佐藤道代、松木正、山北紀彦の各氏。その後「ワークショップの源流を探る読書会」をともに始めた青木将幸、流玄、一緒に本を読み語り合った仲間たち。

2007年から年に一度、国内では異例の、長期間の非構成的エンカウンターグループをともに行っている橋本久仁彦氏と、その場を一緒に過ごした方々。

みなさんに感謝の気持ちを伝えます。

この五つの場と、所々で開催してきたワークショップやプロジェクトが、僕にとって〝かかわり方〟を学ぶ大学のようなものでした。一連の動きは2008年頃にピークを迎え、この本にもご登場いただいた何名かのゲストを招いて「ワークショップとは何か?」というワークショップを計3回開催。その参加者の方々にもお礼を伝えたいと思います。

同じ問いをめぐってこの数年間をともにしてきた仲間たちは、今それぞれの場を手がけています。たとえば、大学と地域の人々による営みの場「三田の家」の中心メンバーとして活躍している坂倉杏介。大学の授業をともに探ったデザイナーの福田桂は、本人の子育てを通じて本格的に児童保育の世界へ。「仕事の学校」に誘ってくれた本城慎之助は、軽井沢の小さな森の幼稚園のスタッフとして、現実的で手応えのある日々を重ねています。彼らを頼もしく感じつつ、勇気付けられもして来ました。

書きながらですが、美大予備校時代にかかわってくれた千石先生や大島先生、小中高と通った桐朋学園の先生方からも、実は大きな影響を受けていることに気がついた。記憶の奥にいた彼らとの再会は、この本を書く中で得た思いがけない喜びです。

筑摩書房の喜入冬子さん、アジールの佐藤直樹さんと中澤耕平さんが、今回の本づくりの仲間です。喜入さんはこの本の原稿を2年以上待ってくださいました。ありがとうございます。最初の読み手として、まるで様になっていない段階の草稿に目を通し、親身の意見を伝えてくれる妻のたりほにも感謝を。

あと二名。まず、執筆を本格化した2010年初夏に息を引き取った猫のタビーに、この本の完成を伝えたいと思います。

彼と過ごした日々は、この本に書いてきた探索の期間とそのまま重なります。

昨年末、入稿作業でアジールを訪ねていた日、先ほど記した森川千鶴がこの世を去ったことを知りました。彼女は約20年間、互いの仕事や生活を照らし合いながら、伴走してきた友人です。この本に書いてきた探索の糸口となったあるプロジェクトも、彼女と手がけたものでした。一緒に全国教育系ワークショップフォーラムを手がけ、収録したインタビューの大半を横に並んで行い、終えてから語り合って。この本が出来たらもちろん彼女に届け、追って「どう思う?」と尋ねていたはずです。最初の本『自分の仕事をつくる』も、この本も、森川さんの存在とともにありました。森川さん、ありがとうございます。

（2011年1月）

文庫版あとがき

西村佳哲

『かかわり方のまなび方』は自分にとって四冊目の本です。「働き方研究家」という肩書きを片手に尊敬するつくり手たちを訪ね、働き方について根掘り葉掘り聞き始めたのは31歳の頃でした。

働き方というテーマは、追って生き方に重心を移し、いま現在の関心領域を一言であらわすと営み方でしょうか。「営み」は、仕事と暮らしを同時に扱えるとてもいい言葉だなと思っています。「私たちは将来世代にわたり、この国で健やかに営んでいけるのかな?」という問いが、最近ずっと頭や胸の前線にあります。

よその地域や未来から可能性を奪ったり、人が人、ないしその人自身を疎外することで得ているような豊かさは豊かではないし、健やかでないと思う。

でもこの社会の多くの仕事が日増しにそんな具合になっている気配を感じていて、その現場を生き生きとしたものにするには、たぶん「働き方」の工夫では間に合わない。意味や甲斐の含有率が高い仕事をあらたに創り出してゆく必要がある。これからの営みのかたちというか。

昨年（2013年）秋に出版された『ひとの居場所をつくる』は、そのことを扱った本になりました。田瀬理夫さんというランドスケープ・デザイナーに約1年間、機会をわけて聞かせてもらった事々をまとめた一冊で、書きながらとても勉強になった。一言でいえば「素直に生きようぜ」という話なんですが、いまはさて実践！という気持ち。

最初の本のタイトル『自分の仕事をつくる』が、10年経って『ひとの居場所をつくる』になっていることにも気づき、いろいろな変化を感じているこの一年です。

さて、この文庫本にまとめられているのは、働き方の研究とほぼ同時期に、その裏で、きわめて個人的に展開していた〝対人関与の技法や姿勢をめぐる探訪〟のレポートです。

本文にあるとおり、大学の授業で直面した「学生たちにどうかかわればいいのか？」とか「プロジェクトチームをどう運用していけばいいのか？」という差し迫ったわからなさから始まって、「ワークショップ」という言葉になぜか惹かれ、近づいてみるとそこには魅力的な先達（ファシリテーターたち）がいた。

その彼らといろんな時間や場を共有してゆくうちに、気がついてみると自分も担い手の一人になっていました。本業はデザインだったはずなんですけど、まあいいか。

「魅力的な先達」と書きましたが、彼らがつくる場で、僕はたいていい不満足でした。彼ら自身のことは好きなのだけど、「ワークショップってなんだろう？」と興味津々で参加しながら、その都度「これが？（怒）」という感じでブーブー言っていた。

他の人たちが普通に満足していること、何気なくスルーしていること、それほど気にしていないことについて妙に文句の多い自分がいたら、そこには自分の仕事の鉱脈があるんだなあと思います。それについて「どうでもよくない」わけです。

やったことがあるわけじゃないし、どうすればいいかも知らないのに、「そうじゃない！」ことだけはわかるわけで、こうした実感の無根拠な確かさときたら一体なんなんでしょう。

先週は1週間、信州のあるリトリートセンターで、十名少々の参加メンバーと5泊6日のワークショップをすごしていました。テーマは「インタビュー」です。

あえて平仮名で書きますが、「きく」ことや「はなす」ことの中で私たちは一体なにをしているのか。人へのかかわり方には、本人の本人自身に対するかかわり方があらわれている。なら、「きき方」が変わるときには「はなし方」も同時に変わるはずで、実際そうなる。

ワークショップの内容について詳しくは書きようがないのですが、いま自分に出来るもっとも良質な仕事をさせてもらっている感覚があり、幸せです。やっていて納得感があり、発見があり、互いに関係が残る。いつまでも出来るといいんですが、そうはいかないでしょう。

インタビューの仕事を始めたきっかけは、先に書いた「働き方研究」の雑誌連載でした。多くの人は、人の話を引き出すのが上手く、鋭い質問をくり出しながら巧みに話し手をリードしてゆくのが優れたインタビュアーであると思っているようです。僕も最初の頃はそんな聞き手たろうとしていた記憶がありますが、ある頃、自分が体験しているインタビューがそれとはかなり違う様相を呈していることに気がつきました。その最中には「うまく聞けてない」と焦ったりもしていて、巻き返しのチャンスもないまま終えたのに、心の奥にはどこか安心している感覚もあり、音源を聴き直してテキストにしてゆくと魅力的な細部が隅々に見出せる。

そんな変化をはっきり自覚したのは、この『かかわり方のまなび方』を書いていた頃です。インタビューのワークショップを始めたのも、ちょうど同じ頃でした。

20代後半から30代中頃の自分は、働き方というか「やり方」を知りたかったわけです。もっと上手な仕事の仕方、グループワークの進め方があって、自分はまだそれを知らないと思っていた。

で、意中のつくり手の仕事場を訪ねると、確かに魅力的なやり方が実装されてる。そこからして違う。「やり方が違うから結果も違うんだな」ということを確認します。

でも、他人と違うやり方がどこから生まれているかというと、その端緒は本人の実感にある。実際に感じていること。小さな違和感をスルーしないで「なんだろう？」と確かめたり、納得がいくまで握力を弱めなかった結果として、やり方も変わっているし、その先の成果も生まれている。

つまりこの人たちは「いま自分が感じている」ことにかなり忠実に働いているんだな、ということがよくわかった。「やり方」の奥には「あり方」があったわけです。そこがなによりも違うんだなと。働き方方面から掘っていた穴と、かかわり方（ワークショップとかそのファシリテーション）方面から掘っていた穴がそこで貫通します。

インタビューで言えば、あらかじめ用意していた質問にとらわれずに、相手の目の前で、自分が「いま感じている」ことを手放さずに機能するのが大事であると感じているのですが、これはインタビューに限らず、他の仕事においても同じく信頼に足るものなんだなと一気に理解がつながった。

この本を書いたきっかけは、数年前に、晶文社版の『自分の仕事をつくる』を読んだ筑摩書房の喜入冬子さんがくださった手紙です。一緒に本をつくりませんか、と声をかけてくれた。でもその頃の自分は、二冊目の『自分をいかして生きる』を書いたことである程度気が済んでいたし、奈良県立図書情報館や弘文堂との「自分の仕事を考える3日間」のシリーズも見えていて、仕事や働き方についてこれ以上書きたい気持ちが湧かず。で、お手紙から2年くらいした頃に、「ワークショップとかファシリテーションとか教育とか、対人関与のあれこれをめぐる探検報告書を書かせてもらえませんか?」という相談を差し上げました。

喜入さんからは「働き方・三部作の完結編」を期待されていた感があったので、それに真っ正面から応えられないのを申し訳なく思いながら。仕事や働き方に関する一連の本があるとしたら、これはそこから外れるというか、外伝みたいな一冊になってしまうなあと。

でも考えてみると、「やり方」から「あり方」に向かい、そこから「かかわり方」に至る流れは理にかなっているし、今回あらためて読み返して、これは働き方の本でもあるなと思いました。言い切ってしまうけれど、どんな人も一人では働いていない。その自覚と対象の見え方の後を追って、仕事の質は変わるのだと思います。同時にそのとき仕事は、なんの役に立つとか社会的意義があるといった実利性に加えて、互いの存在を喜ぶことという二本脚で立つものに、あり方を変えてゆくと思う。

ところで、インタビューというか、人とのかかわり合いの核にある「きく」ことについて、自分の先生の名前を挙げるとしたら、この本にも登場する橋本久仁彦さん、そして西原由記子さんの顔が浮かびます。

僕はこの本のどこが好きかって（好きなんですが）、西原さんとのインタビューがいちばん最初に載っているところです。まえがきのさらに前に入っている。なぜそうしたのかはよくわからないのだけど、そこが気に入っていて。でもその西原さんは、今年の春先に逝ってしまいました。２０１４年2月7日。80歳。脳梗塞と聞いています。

その約1年半前、僕は橋本さんと西原さんの二人をゲストに招いて、東京で小さなイベントを開きました。その録音が残っているので、文庫化にあたり、補稿として再録させてください。

補稿　西原由記子さんの言葉

いま本当に感じていることを

２０１２年9月、東京・雑司が谷で展開している「としまアートステーション構想」という活動の一角で、「ともに生きる技術」というタイトルのミニフォーラムを開催。〝語る・つくる・暮らす〟とテーマをわけた全三回の初回、〝語る〟のゲストが橋本久仁彦さんと西原由記子さんでした。

西原さんは相変わらずで、東京以外の自殺防止センターの立ち上げ支援やスタッフ育成で各地を飛び回ったり、センターで夜中の電話をとったり、東北の仮設住宅を訪ねていた。そんな中、約三十名の参加者を交えて五時間ほどの場をご一緒することができました。

ちなみに橋本さんは、20代の頃いのちの電話や自殺防止センターのボランティアを経験。そこで西原さんから教わった経験もあるとのこと。以下、西原さんの言葉を中心に、僕や橋本さんについては彼女につながる発話に絞って編集します。

――東京をはじめ、都会とは個人が個人のまま生きてゆける場所で、そのためのユーティリティが整っていると思います。たくさんの人々が、個人で食べ、個人で買い、個人で生きてる。煩わしさがなく、そこが良さでもあったけれど、この暮らし方や働き方を少し変えてみようという動きが現れている。シェアハウスやシェアオフィスもそうだし、コレクティブハウジングにしても。

一人で生きていける都会で、「ともに生きてゆく」ための場づくりをどうすればいいか。それを可能にするコア技術がいくつかあると僕は思っていて、今回は〝語る〟がテーマです。人は語ることを通じてなにをしているのか。またそれを可能にするのはなにか。そのあたりを探ってみたいなと。

西原　西原です。東京にきて15年かな。それぐらい経つんですけど、もともとは大阪のおばちゃんでございます。大阪に帰りますとね、六甲山がずっと見えるんです。わくわくしちゃうんですね。山を見るとどうしてわくわくするんだろう。人はなぜ山に登るのかなって、最近考えています。

1970年代、大阪の心斎橋に落語をやったり、お芝居やったり、音楽やったり、いろんな集いを提供していた教会がありました。そこで牧師をしていた西原明の家内でございます。明は昨年天国にいきまして、いま独り身です。非常に楽ちんな生活で（笑）。

さっき、東京では人が個人として生きてるとおっしゃいました。まさしくそうだと思いますね。いまマンションの二階に住んでいまして、隣の犬は私が通るたんびにワンワンワンワン吠える。犬は懸命にかかってくるけれど、家族の方のお顔はあまり見たことがない。都立家政の駅の掲示板に「にこっと笑ってご挨拶」って標語が書いてあるんです。なにこれ？と思ってね。ＯＫ、今日から私は会う人にご挨拶しましょうと決心したの。それでエレベーターで会う人に「おはようございます」「いってらっしゃいませ」とか話しかけるけど、みんな「誰？」という感じで素知らぬ顔をする。けどあるときにね、向こうから「こんにちは」って言われて。「あら、こんにちは」って。誰かわからないけど、私が声をかけた人が応えてくださったんでしょうね。

やっぱり孤立化すると、人間ってよくないですよね。何のために生きているのかわからなくなります。

もともとは牧師の家内ですけれども、自殺防止のための仕事をずっとしてまいりました。30年間、お金にもならないこんなしんどいことをなんでやってるんだ？といろんな人に訊かれますけど、よくよく考えたら、自分を含めて「人」が好きなんだなと。一人ひとりと出会ったときに、その方々のことを教えていただいてね。「あぁすごい、すごい」って私の宝になっていく。そういうことが起こっております。

私の先生は誰かと訊かれたら、自殺防止センターにかかってくる電話の向こうにいる人、悩んでいる人だと本当に思います。死ぬことを決めて、電話をかけてこられる方。

このときに大事なのは「人間には死ぬ権利がある」ということです。自分で自分のいのちを絶つのは、人間的な行為の一つなんですね。もちろん簡単に承服するわけじゃなくて、うんと話し合った結果、最後に生きるか死ぬかを決めるのはその人自身です。

最近、2時間にわたってある方と電話で話し合いました。「どうして死んじゃいけないの？　死んだっていいでしょ？」というのがその方の最初の問いでした。「良い悪いの問題じゃありません。あなたがお決めになることです」と私は申し上げた。「あ、そう。よかった」とその人はおっしゃった。「でもこんな自殺防止センターの仕事をしておりますから、死んで欲しくないというのが本音のところです」と話したら、「それはわかってますよ」と言ってくれて。

でもまあ本当に大変な方でした。あるときはわんわん泣きながらお話しになるし、またあるときは本当に長い沈黙があって。その沈黙のあと、「電話を切らずに私の話を待っていてくださいましたね」とおっしゃったんです。私はといえば、なにをお話しになるのかはわからないけれど、とにかく沈黙は大事だと思って、黙って待っていましたね。終わったのは夜中の3時前くらい。もう本当にくたびれた。「あー、終わったー」と思ってね。受話器を置いて、横にお茶があったので一口飲んで。隣りにいた人が「長かったね」って。センターにかかってきた電話に出るのは一人だけど、必ずもう一人いるようにしています。一人で取ってはいけない。大変なことを一人でしないのは大切なことです。その人が「チョコレートがあるよ」と言ってくれて。栄養付けなきゃと思って食べましたよ。

そういうちょっとしたことが人を支える。お互いに支え合うことが、最も大切なことだと思います。

相手の前で私は、なによりも自分に正直でないとならない。誠実でなければならない。いい格好をしたり、相手が感心するような言葉を探してもしょうがないんです。心から感じていることを、言葉にして伝えるしかない。

話をきいてたとえばズシーンときますよね。そうしたら、ただ黙ってきいているだけでなく「うわー。いまこんなこと言ったね。私ズシンときているし、ドキンときてるよ」。たとえばそんな言葉でね、ちゃんと表現するようにしております。するとね、「ああそう。そんなふうに聞いてくださるのあなただけよ」って。「うまい言葉はないんだけど、ズシンときたからそう言ったのよ」と言って。

いま自分が何を感じていることを、自分で摑んでなきゃだめですね。摑んで、それを言語化する。これは非常に大切なポイントだと思う。

自分に正直でなければなにも伝わらないということを、私は電話の向こうの方々に教わりました。優しい言葉を言ってあげようと考えても、ろくなことない。ちょっといいことを言っても「そうね」って流されますよ。

電話をかけてくる人たちは一人ひとり性格も違えば、なにもかも違う。だから「こう感じなければ」とか「言わなければ」といった形式的なやり取りではなくて、自分がいま本当に感じていることを、ありのまま伝えなければならない。バラーには「頭じゃない」と。「ハートを使え」と教えられた。それは本当に、いつも思い出しています。

メメントモリ（memento mori）という言葉はご存知ですか？ memento はラテン語で「覚えなさい」。mori は「死ぬ」。自分がいつか死ぬことを覚えていなさいと。

今日一日が大切なんですよね。その一日を充実させて、「生きていたね」と思えるような生き方をしましょうと思って、私は今日まで来ている。明日のことはわからなくても、今日一日を自分に対して正直であり、相手に対して誠実である。そんな生き方をするのが私なんだろうなと思っています。

自分を大事にしなければ他人様の役には立たない。だから身体についても心についても、健康には非常に注意しています。

自分のことは「大好き」っていう感じね。他人にも自分にも関心があります。そして、出来ることはなんでもしようと思っている。

——震災後、すぐ東北に通われていましたよね。遠野が中心だと思うけど、何をしに行かれていたんですか？

西原　仮設住宅とかで、お茶っこクラブのような茶会がいろいろ始まっていました。けど、そこに出て来られない人が大変なんですよね。そういう方がいるお家や仮設のドアをノックしながら、「いかがですか？」って。

——コーヒーポットは？（西原さんは神戸の震災のときは、コーヒーポットを持って仮設住宅を一軒ずつ「いかが？」と訪ねていたらしい）

西原　持ちませんよ。なにも持たないで、コンコンとやって「いかが？大変みたいね」

って。玄関先が寒いと「中に入ってよ」と言われて、炬燵に足つっこんで話をきいたりしましたよ。神戸と違って、東北の人たちは我慢強くてね。本当に大変でもなかなかおっしゃらない。

で、ちょっと心配だなって思うときは「また来ますね」と言って帰って、一週間後に「また来ました」って。「そう、心配してくれるの。どこから来たの？」「東京から」「東京のどこから？」「自殺防止センターと申します」「ああ、そういうところがあるのね。私は実は死にたかったのよ」って。そこから始まるの。

——それまでは、ただのおばさん？

西原 そうそう。

——なんか知らないけど毎週来るな、みたいな。

西原 そう。

——（笑）

西原　電話を取って人の話をきく。この活動をしようっていう人は、なかなか増えないんですよね。夜の20時から朝6時までの活動です。仕事が終わってから来る人もいれば、仮眠をとってそこから会社へ行く人もいる。自分の生活で一杯いっぱいなのに、他人の大変な話なんて聞きたくないという人が多いのかなあ。

でも特定の専門家だけがするのではなくて、もっと一般的にしなくちゃと思います。挨拶のような小さなつながりからでも。そういうことを社会のトップの人が語るのではなく、我々がやっていかないといけないんじゃないか。そういう運動を起こさなきゃ日本は潰れちゃうぞ、と思っているんですけど、どうでしょうね。

私たちの活動は、チャド・バラーという人の電話相談に始まります。バラーはその団体名を、途中から「ビフレンダーズ」に変えた。〝befriending〟は彼の造語なんですが、この言葉がとても大切なポイントだと私は思っています。

橋本　僕が〝befriending〟という言葉に出会ったのはもう30年も前か、と思いながらお話をきいていました。そのときに（西原さんに）きかせてもらった逸話を覚えているんですよね。「これは専門家だから出来る仕事ではないんです」って。

ライフルを首に括り付けて、親指を引き金にあてた状態でかけているという電話を取った10代の女の子が、そのまま素直にびっくりして「やめて！」と言い、その人もライフルを置いたという。たとえばそんな例で、友だちがいることの大切さを伝えてくれた。自分の中にいまだに残っているので、とても大事なことをきいたと感じているんだね。

上から目線でなく友だちとして、死ぬ最後のときまで横にいて。たとえ相手が亡くなったとしても友として見届ける。そういうことを言っていて。この人、立ち位置変えてないと思った。

僕は以前セラピーの世界にいました。セラピストはだいたい救いにかかりますから、自殺しようという人を前にすれば、そうさせないように取り込んでゆくでしょう。

むろん西原さんたちにしても「死になさい」とただ任せているわけではなくて、厳粛な事実として受けとめ、「わたしとあなた」という目線で一緒に横にいる。そういう肯定の姿勢を持っている。セラピスト（therapist）はラテン語に遡ると、「ただ横にいて見ている人」という意味です。その本来のことを話してくれているなと思って。僕は自殺防止センターという名前に反発を感じていたんだけど、裏にあるのはこの立ち位置の確実さなんだね。だから恐れずに「自殺防止」と言えるんだろう。筋が通っているなと思いました。

あとこれも西原さんのところで教えていただいた話だと思うけど、サンフランシスコのゴールデンゲートブリッジのこと。

西原　ああ。

橋本　あそこは自殺の名所でたくさんの人が飛び降りている。で、統計によると、橋の西側から外洋側へ飛ぶ人はあまりいなくて、ほとんどの人が東側からサンフランシスコの街の方を向いて飛んでいるという。これはなんか、僕ね。なんとまあと思って。ちょっと一緒に遊ぶチャンスがあったらなと。

西原　死ぬと決めた人が電話をしてきて、最後に話を交わすわけです。その人はこのときを非常に大切にしていらっしゃるし、私たちも大切にしている。この事実はすごく大きい。お亡くなりになった場所に行くと、横にハンドバッグが置いてあったり、靴が脱いであったりする。あの世には靴履いてちゃいけないという話もあるけれど、「今までここにいたんですよ」っていうサインなんじゃないか。それで置いてあるのだと思う。

これはすごいことだと思ったのね。そうやって逝く前に、お話をしたかったたんだなって。誰とも話をせずに、黙って死んじゃった人はたくさんいるはずです。電話が通じてよかったって本当に思う。この出会いというか。「電話がなかったら私はもうお終いにするんだ」と言っていた人がいました。でもいまあなたの声をきいていますよって。生きてる実感というか、そういうものがすごく伝わってくる。お互いにね。「死のうとしていたけど、もうちょっと生きてみます」とおっしゃった方もいて、やっぱりつながりというのは非常に大切なものだなと思っています。

だから電話が鳴っているのに出れないときは本当に悔しい。私はこのあいだ一晩で十本くらい取りましたけどね。興奮していたかなんかで全然眠くなかった。家に帰って1時間寝て、また仕事に行った。ようやるわと自分でも思ってます。

どこでも眠れるんです。眠れない人の気持ちがわからない。盛岡に私たちのセンターがあって、そこへ行く電車の中でもいい気持ちで眠っているんです。で、盛岡についてみんな先に降りて、私は小さいでしょ、掃除のおばさんが椅子をガチャンと戻したときに「えっ！ すいません！」って。「いいのよ」って言いながらやっと降りた。その話をみんなにしたら「由記子さんよかったね、車庫まで行かなくて」って。

どこでも眠れるというのは、本当に幸せなんだろうなって思っています。

橋本さんは、西原さんから教わったのは「真剣さ」だと言う。最初は彼女が怖かったらしい。相手と向かい合うとき、一歩も譲らずに向かってゆく感じが彼女にはあってそれが怖かったのだけど、実は怖いのは西原さんではなくて、自分の中に真剣さが立ち上がってくることを怖がっていたんだろうと。

真剣になるのを恐れている自分がいて、でも彼女と向き合うとそうならざるを得なくなってしまう。それがちょっと嫌で「あの人怖い」ことにしていたのかな、という話をきかせてくれた。そして「真剣さについて学ぶには、真剣な人に会うしかない」とも話していた。

僕もそう思います。だから、人は山に登るのではないでしょうか。

(2014年8月)

解説　絶好の「かかわり方」の探険報告書！

向谷地生良

数年前、本書の著者である西村佳哲さんが主催される「働き方」のワークショップにゲストとしてお招きいただいた時から、統合失調症などを体験した若者たちと〝金もうけをしよう〟という乗りで立ち上げた「べてるの家」（北海道浦河町で1984年に設立）が、西村さんの〝探険〟のフィールドとなっていること、そして、その関心が、三十年以上の歳月を費やしながら問い続けている私自身のテーマ「自分の苦労の主人公になること」と見事に重なりあっていると感じ、友軍にであったような気がして嬉しかったことを覚えています。

そのような問いが生まれたきっかけは、今から36年前に思いがけず、精神科の診療チームの一員（ソーシャルワーカー）として、統合失調症などの精神疾患をかかえる人たちの相談支援に関わることになったことです。

それを説明する前に、世界の先進国の精神科医療の標準と、日本は大きく違っていることを二つの指標でまず説明したいと思います。一つ目は、メンタルヘルスに対する国の予算の使われ方です。先進国では、おおよそ予算の9割が福祉施策（暮らしの向上）に用いられ、1割が医療費（治療費など）です。ところが、日本は99％が医療費に費やされ、その比率は益々高まっています。二つ目は、そのような実態を裏付けるデータですが、日本の統合失調症などの患者さんが服用している薬の量が、先進国のおよそ5倍から10倍で、入院期間も5倍から10倍長いということです。

そこで当時感じたのが我が国のメンタルヘルスが、「医学＝〝囲〟学」「看護＝〝管〟護」「福祉＝〝服〟祉」に陥っているということでした。つまり、「囲い込んで」「管理して」「服従させる」という構造です。そこには、統合失調症などを持った人は、病識（自分が病気であるという認識）がなく、判断力もなく、したがってそこには、保護や管理が必要であるという発想があります。

しかし、世界の潮流は、１９７０年代にはじまった障害者の自立生活運動（１９７０年代にはじまったカリフォルニア州立大学バークレー校に在籍する重度障害を持つ学生であったエド・ロバーツが掲げた「障害者が自分の人生を、自ら管理できること」に向けた活動で、世界の障害者運動に影響を与えた）が日本にも及び、ちょうどその時期、福祉を学ぶ学生であった私は、難病患者運動や脳性麻痺を持つ人たちの自立生活運動の真っただ中で、その精神を学ぶことができました。その意味で、一転して飛び込んだ精神科医療の現場は、旧態依然とした真逆の世界でした。

そこで見出した大きなテーマが三つありました。一つ目は、「自分の助け方」です。統合失調症などをかかえた人たちとのコミュニケーションの難しさから生じる私自身の苛立ちや戸惑いの経験は、大きな発見でした。そのことから、ケアや相談援助の対象は、目の前にいる〝困りごとをかかえている人〟ではなく、常に「自分」であることを学んだのです。それは、どんな状況に立たされても「自分から目をそらさない」ということです。そのことに気づいた私は、駆け出しの頃、なけなしの金をはたいてロジャース全集を買い込み、読みふけった思い出があります。ロジャースの「自分を愛せる程度だけ、他者を愛することができる」(「援助関係の特質」、『ロジャーズ選集』上、誠信書房、所収)は、自分の立ち位置を見失わないための大切な指針となりました。その意味でも、西村さんが「かかわり方」を求めて〝探険〟した15の実践者の2人(西田真哉氏と橋本久仁彦氏)が、ロジャースに言及していることは、「人と人とのかかわり」というテーマを考える上で、半世紀前のロジャースの臨床経験に学ぶことが、今も大切であることを示しています。

二つ目は、違った経験をもった人同士が、共に働き、暮らすには、どのような条件が必要か、というテーマです。統合失調症などの精神疾患は、人と人との間に不思議な現象をもたらします。「おはよう」と挨拶された瞬間、それが「出て行け!」と言われたような気がしたり、相手の「笑顔」が、「睨まれている」感覚や「怒られた」ように見えたりするのです。このことは、統合失調症などの精神疾患をもつ人たちが、社会の中で孤立し、居場所を無くしやすいことと密接な関連があるだけでなく、前述したようにどうしても周りの過剰な保護や管理を招きやすいのです。べてるは、そのような人たちでも、自ら考えて行動し、「自分の苦労の主人公」になるには、どのような条件があれば可能かというテーマを、30年以上にわたり、実際に日高昆布の産直という起業を通じて探究してきました。その経験と、西村さんの「報告書」は、実に多くの点で重なりあうところがあります。その一つが、難波克己氏の「アドベンチャー教育」です。そのプログラムの特徴である「欠点を含んだ人間同士が、グループの中で互いに活かされてゆく過程を通じ、他者への信頼、ひいては自分を肯定し受容する感覚を育む」という視点は、「今日も、明日もあさっても、べてるは、ずっと問題だらけ、それで順調！」という苦労に満ちたべてるが、アドベンチャーの世界にも似ていることに気づかされました。つまり、「働く」「暮らす」という営みには、〝弱さ〟と〝受苦〟の要素が大切であるということです。

最後は、「生きる力」を育むというテーマで、この課題は「かかわり方」を考える上で、もっとも重要なキーワードとなるものです。管理されて、服従を強いられてきた人たちは、生き延びるために、感情のアンテナをたたみ、〝見ざる、聞かざる、言わざる〟の人生を生きることを余儀なくされます。そこで、出口を失った生きるエネルギーは、身体やこころの裂け目から染み出し、それが、リストカットなどの自傷行為や、アルコールや薬物への依存という〝自分の助け方〟に陥ります。そのような現実を生きてきた人たちが、自分と他者への信頼と、暮らしの"モチベーション"を取り戻し、苦労の多い現実を生きられるようになるための環境づくりという課題は、そのまま西村さんの追いかけてきたテーマと重なります。

そこで、べてるが創出したのが「当事者研究」です。当事者研究は、「自分自身で、共に」をキャッチフレーズに、さまざまな生活課題をかかえた当事者自身が、自分の生活経験を素材に研究テーマを見出し、持続的な問いを発し、生きやすさの形を探究、模索する活動です。〝研究対象〟であった人たちが、自ら「自分の研究者」としての立ち位置をとり、常に自分自身の経験への、前向きな関心と持続的な問いを特徴とする当事者研究の意義は、本書で橋本久仁彦氏が、西村さんの「ご自身は、人間をどんな生き物として見ていますか？」という問いに対して「よくなりたい生き物である」と答え、「〝よくなる〟とは、生命としてよりハッキリと存在すること」と述べているくだりと密接につながります。

橋本さんの言葉で思い出すのが、リストカットや他害行為が止まらない女性メンバーの、〝嫌われてもいいから、つながっていたい〟というメッセージです。「生命体としての人間」にとっては、極めて生きにくい現代社会の中で、彼女は、常識や道徳的な規範を越えて、〝存在するために叱られ、嫌われる〟ということで満たされる〝生命的なつながりの充足〟から抜け出すことができなくなるという経験をしてきました。つまり、「よくなりたい」という生命的な欲求は、時には、社会的規範を逸脱した状況を人にもたらします。

当事者研究は、現代を生きる人間と、生命体としての人間の狭間で揺れる私たちの生きざまをリアルに浮き彫りにし、その状況を生きる人々の知恵を生み出し、和解的な「つながり」を創出します。

本書に取り上げられた15人は、私たちに「かかわり」についての答えや指針を明らかにする以上に、この終着駅の見えない深遠なテーマに向かって、もう一度〝探険してみよう〟という好奇心を呼び起こさせる格好の素材となるような気がしています。その証拠に、私の中に生涯を通じて人間を信じることを諦めず〝人を探険する〟ことを続けたロジャースを、もう一度訊ねてみようという思いが湧き上がってきました。それだけでも、この本に出合った甲斐があります。

（むかいやち・いくよし　ソーシャルワーカー／浦河べてるの家理事）

本書は二〇一一年二月、筑摩書房から刊行されました。

自分の仕事をつくる　西村佳哲

仕事をすることは会社に勤めること、ではない。仕事を「自分の仕事」にできた人たちに学ぶ、働き方のデザインの仕方とは。（稲本喜則）

自分をいかして生きる　西村佳哲

「いい仕事」には、その人の存在まるごと入ってるんじゃないか。『自分の仕事をつくる』から6年、長い手紙のような思考の記録。（平川克美）

思考の整理学　外山滋比古

アイディアを軽やかに離陸させ、思考をのびのびと飛行させる方法を、広い視野とシャープな論理で知られる著者が、明快に提示する。

ライフワークの思想　外山滋比古

自分だけの時間を作ることは一番の精神的肥料になる、前進だけが人生ではない——。時間を生かして、ライフワークの花を咲かせる貴重な提案

「読み」の整理学　外山滋比古

読み方には、既知を読むアルファ（おかゆ）読みと、未知を読むベータ（スルメ）読みがある。リーディングの新しい地平を開く目からウロコの一冊。

アイディアのレッスン　外山滋比古

しなやかな発想、思考を実生活に生かすには？　たんなる思いつきを〝使えるアイディア〟にする方法をお教えします。『思考の整理学』実践篇。

空気の教育　外山滋比古

子どもを包む家庭や学校の空気こそ、最も深いところに作用する。押し付けや口先だけの注意では子どもに届かない。斬新な教育エッセイ。

おしゃべりの思想　外山滋比古

人前で話すのが上手な人はおしゃべりが多い？　しかしことばの使い方次第で人生が大きく変わることもある。あなたは話すことに自信がありますか？

学校って何だろう　苅谷剛彦

「なぜ勉強しなければいけないの？」「校則って必要なの？」等、これまでの常識を問いなおし、学ぶ意味を再び摑むための基本図書。（小山内美江子）

「教える技術」の鍛え方　樋口裕一

ダメ教師だった著者が、「カリスマ講師」として知られるようになったのはなぜか？　自らの経験から見出した「教える技術」凝縮の一冊。（和田秀樹）

味方をふやす技術　藤原和博

他人とのつながりがなければ、生きてゆけない。でも味方をふやすためには、嫌われる覚悟も必要だ。ほんとうに豊かな人間関係を築くために！

人生の教科書［よのなかのルール］　藤原和博／宮台真司

〝バカを伝染（うつ）さない〟ための「成熟社会へのパスポート」です。大人と子ども、お金と仕事、男と女と自殺のルールを考える。（重松清）

人生の教科書［人　間　関　係］　藤原和博

人間関係で一番大切なことは、相手に「！」を感じてもらうことだ。そのための、すぐに使えるヒントが詰まった一冊。（茂木健一郎）

人生の教科書［情報編集力をつける国語］　藤原和博／重松清／橋本治

コミュニケーションツールとしての日本語力＝情報編集力をつけるのが国語。重松清の小説と橋本治の古典で実践教科書を完成。（平田オリザ）

校長先生になろう！　藤原和博

あなたも校長先生になれる！　公立中学の教育を再生してきた著者の試行錯誤の実践を集約した、日本初「学校教育」の経営書。（鈴木寛）

宮台教授の就活原論　宮台真司

社会のこと、働くこと、就職活動、すべてを串刺しにした画期的就活論。これから社会に出る若者はもちろん、全社会人のための必読書。（常見陽平）

減速して自由に生きる　髙坂勝

自分の時間もなく働く人生よりも自分の店を持ち人と交流したいと開店。具体的なコツと、独立した生き方。一章分加筆。帯文＝村上龍（山田玲司）

貧乏人の逆襲！　増補版　松本哉

安く生きるための衣食住&デモや騒ぎの実践的方法。「3人デモ」や「素人の乱」の反原発デモで話題の著者の代表作。書き下ろし増補。対談＝雨宮処凛

町工場・スーパーなものづくり　小関智弘

宇宙衛星から携帯電話まで、現代の最先端技術を支えているのが町工場だ。そのものづくりの原点を、元旋盤工でもある著者がルポする。（中沢孝夫）

「社会を変える」を仕事にする　駒崎弘樹

元ITベンチャー経営者が東京の下町で始めた「病児保育サービス」が全国に拡大。「地域を変える」が「世の中を変える」につながった。

質問力　齋藤孝
コミュニケーション上達の秘訣は質問力にあり！　これさえ磨けば、初対面の人からも深い話が引き出せる。話題の本の、待望の文庫化。（斎藤兆史）

段取り力　齋藤孝
仕事でも勉強でも、うまくいかない時は「段取りが悪かったのではないか」と思えば道が開かれる。段取り名人となるコツを伝授する！（池上彰）

コメント力　齋藤孝
オリジナリティのあるコメントを言えるかどうかで「おもしろい人」「できる人」、という評価が決まる。優れたコメントに学べ！

齋藤孝の速読塾　齋藤孝
二割読書法、キーワード探し、呼吸法から本の選び方まで著者が実践する「脳が活性化し理解力が高まる」夢の読書法を大公開！（水道橋博士）

齋藤孝の企画塾　齋藤孝
「企画」は現実を動かし、実現してこそ意義がある。成功の秘訣は何だったかを学び、「企画力」の鍛え方を初級編・上級編に分けて解説する。（岩崎夏海）

仕事力　齋藤孝
「仕事力」をつけて自由になろう！　課題を小さく明確なことに落とし込み、2週間で集中して取り組めば、必ずできる人になる。（海老原嗣生）

やる気も成績も必ず上がる家庭勉強法　齋藤孝
勉強はやれば必ずできるようになる！　ちょっとしたコツで勉強が好きになり、苦痛が減る方法を伝授する。家庭で親が子どもと一緒に学べる方法とは？

前向き力　齋藤孝
「がんばっているのに、うまくいかない」あなた。ちょっと力を抜いて、くよくよ、ごちゃごちゃから抜け出すとすっきりうまくいきます。（名越康文）

現代語訳　文明論之概略　福澤諭吉　齋藤孝＝訳
「文明」の本質と時代の課題を、鋭い知性で捉え、巧みな文体で説く。福澤諭吉の最高傑作にして近代日本を代表する重要著作が現代語でよみがえる。

あなたの話はなぜ「通じない」のか　山田ズーニー
進研ゼミの小論文メソッドを開発し、考える力、書く力の育成に尽力してきた著者が「話が通じるための技術」を基礎のキソから懇切丁寧に伝授！

戦闘美少女の精神分析　斎藤環

ナウシカ、セーラームーン、綾波レイ……「戦う美少女」たちは、日本文化の何を象徴するのか。「おたく」「萌え」の心理的特性に迫る。（東浩紀）

家族の痕跡　斎藤環

様々な病の温床ではあるが、他のどんな人間関係よりましである。著者だから書ける、最も刺激的にして愛情あふれる家族擁護論。（荻上チキ）

生き延びるためのラカン　斎藤環

幻想と現実が接近しているこの世界で、できるだけリアルに生き延びるためのラカン解説書にして精神分析入門書。カバー絵・荒木飛呂彦（中島義道）

ひきこもりはなぜ「治る」のか？　斎藤環

「ひきこもり」研究の第一人者の著者が、ラカン、コフート等の精神分析理論でひきこもる人の精神病理を読み解き、家族の対応法を解説する。（井出草平）

「ひきこもり」救出マニュアル〈理論編〉　斎藤環

「ひきこもり」治療に詳しい著者が、Q&A方式で、ひきこもりとは何か、どう対応すべきかを示している。すべての関係者に贈る明日への処方箋。

「ひきこもり」救出マニュアル〈実践編〉　斎藤環

「ひきこもり」治療に詳しい著者が、具体的な疑問に答えた、本当に役に立つ処方箋。理論編に続く、実践編。参考文献、「文庫版　補足と解説」を附す

終わりなき日常を生きろ　宮台真司

「終わらない日常」と「さまよえる良心」――オウム事件直後出版の本書は、著者のその後の発言の根幹である。書き下ろしの長いあとがきを付す。

増補　サブカルチャー神話解体　宮台真司／石原英樹／大塚明子

少女カルチャーや音楽、マンガ、AVなど各種メディアの歴史を辿り、若者の変化を浮き彫りにした前人未到のサブカル分析。（上野千鶴子）

14歳からの社会学　宮台真司

「社会を分析する専門家」である著者が、社会の「本当のこと」を伝え、いかに生きるべきか、に正面から答えた。重松清、大道珠貴との対談を新たに附す。

ニッポン若者論　三浦展

なりたい仕事はキャバクラ嬢、江原啓之や美輪明宏を尊敬し、イオンやマクドナルドが好き。そんな平成の若者たちの実像を浮き彫りにする。（浅野智彦）

ちぐはぐな身体《からだ》　鷲田清一
ファッションは、だらしなく着くずすことから始まる。中高生の制服の着崩し、コムデギャルソン、刺青等から身体論を語る。　（永江朗）

哲学個人授業　鷲田清一　永江朗
哲学者のとぎすまされた言葉には、歌舞伎役者の切る「見得」にも似た魅力がある。哲学者23人の魅惑の言葉。文庫版では語り下ろし対談を追加。

ひとはなぜ服を着るのか　鷲田清一
ファッションやモードを素材として、アイデンティティや自分らしさの問題を現象学的視線で分析する。「鷲田ファッション学」のスタンダード・テキスト。

反社会学講座　パオロ・マッツァリーノ
恣意的なデータを使用し、権威的な発想で人に説教する困った学問「社会学」の暴走をエンターテイメントな議論で撃つ！　真の啓蒙は笑いから。

続・反社会学講座　パオロ・マッツァリーノ
あの「反社会学」が不埒にパワーアップ。お約束と権威主義に凝り固まった学者たちを笑い飛ばし、庶民に愛と勇気を与えてくれる待望の続編。

誰も調べなかった日本文化史　パオロ・マッツァリーノ
土下座のカジュアル化、先生という敬称の由来、全国紙一面の広告。――イタリア人（自称）戯作者が、資料と統計で発見した知られざる日本の姿。

よいこの君主論　架神恭介　辰巳一世
戦略論の古典的名著、マキャベリの『君主論』が、小学校のクラス制覇を題材に楽しく学べます。学校、職場、国家の覇権争いに最適のマニュアル。

もしリアルパンクロッカーが仏門に入ったら　架神恭介
パンクロッカーのまなぶは釈迦や空海、日蓮や禅僧たちと殴りあって悟りを目指す。仏教の思想と歴史を笑いと共に理解できる画期的入門書。　（蟬丸P）

東大で上野千鶴子にケンカを学ぶ　遙洋子
そのケンカ道の見事さに目を見張り「私も学問がしたい！」という熱い思いを読者に湧き上がらせた、涙と笑いのベストセラー。　（斎藤美奈子）

9条どうでしょう　内田樹／小田嶋隆／平川克美／町山智浩
「改憲論議」の閉塞状態を打ち破るには、「虎の尾を踏むのを恐れない」言葉の力が必要である。四人の書き手によるユニークな洞察が満載の憲法論！

妊娠小説　斎藤美奈子
『舞姫』から『風の歌を聴け』まで、望まれない妊娠を扱った一大小説ジャンルが存在している——意表をついた指摘の処女評論。（金井景子）

紅一点論　斎藤美奈子
「男の中に女が一人」は、テレビやアニメで非常に見慣れた光景である。その「紅一点」の座を射止めたヒロイン像とは!?（姫野カオルコ）

趣味は読書。　斎藤美奈子
気鋭の文芸評論家がベストセラーを読む。『大河の一滴』から『えんぴつで奥の細道』まで、目から鱗の分析がいっぱい。文庫化にあたり大幅加筆。

文章読本さん江　斎藤美奈子
「文章読本」の歴史は長い。百年にわたり文豪から一介のライターまでが書き綴った、この「文章読本」とは何ものか。第1回小林秀雄賞受賞の傑作評論。

本の本　斎藤美奈子
じつは著者初の書評集。デビュー以来13年分の書評がぎっしり詰まった本書で評された（切られた?）本は700冊近い。ずっしり時代が収まった決定版。

全身翻訳家　鴻巣友季子
何をやっても翻訳的思考から逃れられない。妙に言葉が気になり妙な連想にはまる。翻訳というメガネで世界を見た貴重な記録（エッセイ）。（穂村弘）

神も仏もありませぬ　佐野洋子
還暦……もう人生おりたかった。でも春のきざしの蕗の薹に感動する自分がいる。意味なく生きても人は幸せなのだ。第3回小林秀雄賞受賞。（長嶋康郎）

問題があります　佐野洋子
中国で迎えた終戦の記憶から極貧の美大生時代、読まずにいられない本の話など。単行本未収録作品を追加した、愛と笑いのエッセイ集。（長嶋有）

こちらあみ子　今村夏子
太宰治賞と三島由紀夫賞、ダブル受賞を果たした異才、衝撃のデビュー作。3年半ぶりの書き下ろし「チズさん」を収録。（町田康／穂村弘）

沈黙博物館　小川洋子
「形見じゃ」老婆は言った。死の完結を阻止するために形見が盗まれる。死者が残した断片をめぐるやさしくスリリングな物語。（堀江敏幸）

図書館の神様　瀬尾まいこ

赴任した高校で思いがけず文芸部顧問になってしまった清(きよ)。そこでの出会いが、その後の人生を変えてゆく。鮮やかな青春小説。（山本幸久）

僕の明日を照らして　瀬尾まいこ

中2の隼太に新しい父が出来た。優しい父はしかしDVする父でもあった。この家族を失いたくない！　隼太の闘いと成長の日々を描く。（岩宮恵子）

君は永遠にそいつらより若い　津村記久子

22歳処女。いや「女の童貞」と呼んでほしい——。日常の底に潜むうっすらとした悪意を独特の筆致で描く。第21回太宰治賞受賞作。（松浦理英子）

アレグリアとは仕事はできない　津村記久子

彼女はどうしようもない性悪だった。すぐ休み単純労働をバカにし男性社員に媚を売る。大型コピー機とミノベとの仁義なき戦い！（千野帽子）

ねにもつタイプ　岸本佐知子

何となく気になることにこだわる、ねにもつ。思索、奇想、妄想とはばたく脳内ワールドをリズミカルな名文でつづるショートショート。

絶叫委員会　穂村弘

町には、偶然生まれては消えてゆく無数の詩が溢れている。不合理でナンセンスで真剣だからこそ可笑しい、天使的な言葉たちへの考察。（南伸坊）

屋上がえり　石田千

屋上があるととりあえずのぼってみたくなる。百貨店、病院、古書店、母校……広い視界の中で想いを紡ぐ不思議な味のエッセイ集。（大竹聡）

うつくしく、やさしく、おろかなり　杉浦日向子

生きることを楽しもうとしていた江戸人たち。彼らの紡ぎ出した文化にとことん惚れ込んだ著者がその思いの丈を綴った最後のラブレター。（松田哲夫）

読まずにいられぬ名短篇　北村薫　宮部みゆき編

松本清張のミステリを倉本聰が時代劇に!?　あの作家の知られざる逸品から時代に埋もれた名品まで厳選の18作。北村・宮部の解説対談付き。

教えたくなる名短篇　北村薫　宮部みゆき編

宮部みゆきを驚嘆させた、時代に埋もれた名作家・長谷川修の世界とは？　人生の悲喜こもごもが詰まった珠玉の13作。北村・宮部の解説対談付き。

60年代日本SFベスト集成　筒井康隆編
「日本SF初期傑作集」とでも副題をつけるべき作品集である(編者)。二十世紀日本文学のひとつの里程標となる歴史的アンソロジー。(大森望)

異形の白昼　筒井康隆編
様々な種類の「恐怖」を小説ならではの技巧で追求した戦慄すべき名編たちを収める。わが国のアンソロジー文学史に画期をなす一冊。(東雅夫)

真鍋博のプラネタリウム　真鍋博　星新一
名コンビ真鍋博と星新一。二人の最初の作品『おーいでてこーい』他、星作品に描かれた插絵と小説冒頭をまとめた幻の作品集。(真鍋真)

コーヒーと恋愛　獅子文六
恋愛は甘くてほろ苦い。とある男女が巻き起こす恋模様をコミカルに描く昭和の傑作が、現代の「東京」によみがえる。(曽我部恵一)

落穂拾い・犬の生活　小山清
明治の匂いの残る浅草に育ち、純粋無比の作品を遺して短い生涯を終えた小山清。いまなお新しい、清らかな祈りのような作品集。(三上延)

三島由紀夫レター教室　三島由紀夫
五人の登場人物が巻き起こす様々な出来事を手紙で綴る。恋の告白・借金の申し込み・見舞状等、一風変ったユニークな文例集。(群ようこ)

江分利満氏の優雅な生活　山口瞳
卓抜な人物描写と世態風俗の鋭い観察によって昭和一桁世代の悲喜劇を鮮やかに描き、高度経済成長期前後の一時代をくっきりと刻む。(小玉武)

鬼譚　夢枕獏編著
夢枕獏がジャンルに囚われず、古今の「鬼」にまつわる作品を蒐集した傑作アンソロジー。坂口安吾、手塚治虫、山岸凉子、筒井康隆、馬場あき子、他。

青春と変態　会田誠
著者の芸術活動の最初期にあり、高校生男子の暴発するエネルギーを、日記形式の独白調で綴る変態的青春小説もしくは青春的変態小説。(松蔭浩之)

うれしい悲鳴をあげてくれ　いしわたり淳治
作詞家、音楽プロデューサーとして活躍する著者の小説&エッセイ集。彼が「言葉」を紡ぐと誰もが楽しめる「物語」が生まれる。(鈴木おさむ)

ちくま文庫

かかわり方《かた》のまなび方《かた》
——ワークショップとファシリテーションの現場《げんば》から

二〇一四年十月十日　第一刷発行

著　者　西村佳哲（にしむら・よしあき）
発行者　熊沢敏之
発行所　株式会社　筑摩書房
　東京都台東区蔵前二—五—三　〒一一一—八七五五
　振替〇〇一六〇—八—四一二三
装幀者　安野光雅
印刷所　凸版印刷株式会社
製本所　凸版印刷株式会社

乱丁・落丁本の場合は、左記宛にご送付下さい。
送料小社負担でお取り替えいたします。
ご注文・お問い合わせも左記へお願いします。
筑摩書房サービスセンター
埼玉県さいたま市北区櫛引町二—六〇四　〒三三一—八五〇七
電話番号　〇四八—六五一—〇〇五三

ISBN978-4-480-43203-2 C0195